Na. Cette indicante production n'est point ainsi
qu'a prétendu le faire croire son auteur, celle
célèbre et vénérable auteur d'Anacharsis; mais
d'un individu nommé L. Barthélémy, né à
Grenoble vers 1760.

MÉMOIRES SECRETS

DE M^{DE}. DE TENCIN,

SES TENDRES LIAISONS AVEC GANGANELLI,

O U

L'HEUREUSE DÉCOUVERTE

RELATIVEMENT A D'ALEMBERT;

Pour fervir de fuite aux Ouvrages de cette femme
eftimable.

PAR M. l'Abbé BARTHELEMI.

La vérité fera toujours mon idole.

PREMIERE PARTIE.

---

1 7 9 2.

PRÉFACE.

Les lettres font un tréfor où l'on puife tous les jours de nouvelles richeffes ; c'eft la poule aux œufs d'or ; & le Pactole lui - même n'en préfenta jamais de plus précieufes. Mais qu'il eft fàcheux que la plupart de nos écrivains, aujourd'hui, cherchent encore à en tarir la fource, tantôt par une baffe adulation du vice , tantôt par la fombre envie de ternir l'éclat des plus hautes vertus.

Je n'ai connu que deux hommes qui aient dit la vérité, JEAN - JACQUES & le véhément RAYNAL ; encore ne l'ont- ils pas toujours dite toute entiere. Pour moi, je préfenterai cette déeffe

A 2

toute nue ; les ornements lui font fu-
perflus. D'ailleurs, comment pourrois-
je voiler la nature, puifque je n'ai pas
reçu du ciel le talent de l'orner?

MÉMOIRES SECRETS

DE Mᴰᴱ. DE TENCIN,

O U

L'HEUREUSE DÉCOUVERTE LITTÉRAIRE.

DISCOURS PRÉLIMINAIRE.

Lᴇs talents ! pour les mettre en valeur ; qu'il en coûte de peines, Monfieur, me difoit un jour Mad. la marquife de Montauban (1), & puis l'incertitude de réuffir ! La malignité

---

(1) Illuftre parente de Mad. de Tencin, morte à Grenoble en 1785, fous le couteau anatomique. La gaieté, la franchife & la douceur étoient le caractere de cette femme charmante. Qu'on me permette de confacrer cette courte note à fa mémoire que je révere.

A 3

des circonflances, un choix indifcret, un rien,
peuvent vous faire échouer dans votre entreprife.
Je fuppofe votre travail heureufement achevé,
aura-t-il la réputation que vous en attendez,
& qu'il mérite ? Si vous avez ce bonheur,
cette douce jouiffance, c'eft une tâche pénible
& difficile qui vous eft impofée pour l'avenir.
Après un fuccès la chûte n'eft que plus cruelle;
c'eft un affront de refter au deffous de fon premier effai. La renommée eft ordinairement le
but que fe propofent les hommes à talents :
manquer fon but, fût-il des plus vains & des
plus puériles, c'eft toujours un malheur affreux.
Après ce difcours, qui devroit être, fi j'ofe le
dire, la méditation de prefque tous ceux qui
defirent parcourir la carriere des lettres, je gar-
dai long-temps un profond filence. Enfin,
forti de ma rêverie, voici qu'elle fut ma réponfe à cette femme eftimable, qui joignoit
aux charmes de la beauté, les graces de l'efprit le plus féduifant. « Madame, les vérités que vous venez de prononcer ont vivement pénétré mon ame. Penfer à la célébrité,
il eft vrai, eft une chimere; vouloir fuivre un
nom fameux, eft une folie. C'eft un but trop
remarquable qui attire les traits de l'envie &
de la fatire. Si l'on ne travaille fans ceffe à

entretenir fa renommée , on la perd tout-à-fait.
Le temps lui - même mine fans relâche & dé-
molit la gloire comme tout le refte , fi l'on
n'a foin d'en réparer à chaque inftant les ruines
par des travaux infinis. Eft - on affez heureux
pour la conferver fans atteinte ? Elle a encore
fes maux naturels & moraux. La renommée eft
une maitreffe dont tous les hommes font amoureux. Celui qui en jouit , a prefque autant de
rivaux qu'il y a d'hommes , & fouvent autant d'ennemis que de rivaux. . . .» Mais qu'il
eft doux à un auteur, feul, auprès de fa lampe
nocturne, contemplant fon ouvrage; qu'il lui
eft doux de s'écrier avec tranfport , faifi d'une
joie foudaine : « Me voilà enfin au bout de
mes travaux , le prix en eft fous ma main ;
encore un mois & le comble eft à ma félicité .
Cette douce efpérance fait le charme de fa vie.
Et où gît le bonheur, Madame ! n'eft - il pas
tout entier dans la peinture flatteufe que nous
nous en faifons pour l'avenir ? Il eft peu d'hommes
qui puiffent dire : j'ai été heureux, aucun n'a
dit : je le fuis ; mais prefque tous difent : je
le ferai. Pour moi je trouve ma félicité dans
les lettres , & jamais je ne facrifierai la vérité
au menfonge ; elle eft mon idole, & je la dirai toujours toute entiere. Il n'eft qu'un écri-

vain vil adulateur qui puiffe la taire , & des ames doubles & fauffement politiques qui répugnent de l'entendre Si j'éprouve l'adverfité , Madame , ce fera du moins une école où j'apprendrai la fageffe : pour nous inftruire , tous les traités de morale ne valent pas un malheur. » Mais, Monfieur, que fignifie cette fageffe qui ne donne point le bonheur & que la peine accompagne? Si nous favions , Madame , à quoi fe réduit la félicité des autres, nous ferions bien éloignés du defir de la profpérité. Elle rend l'homme indifciplinable , elle augmente la force des paffions , & affoiblit celle de la raifon. L'imagination fe remplit de chimeres ; alors la volonté ingouvernable & fans frein s'abandonne à fa fougue déréglée , & parcourt à grands pas la carriere du vice. Suppofons même qu'aucun revers n'interrompe le cours des plus heureux fuccès ; il eft une certaine langueur qui accompagne toujours la plénitude de la profpérité. Quand le cœur eft raffafié & ne defire plus , il fe flétrit fur les biens qu'il poffede , & l'énergie de l'ame fe diffipe comme une flamme qui ne trouve plus d'aliment à dévorer ; c'eft quelque chofe de pouvoir dire avec le poëte latin : « J'ai peu de bien, mais le peu que je poffede eft à moi. » Et c'eft

dans la république des lettres qu'il faut porter
l'ambition de Céfar, qui aimoit mieux être le
premier d'un village que le fecond dans Rome.
La fortune d'ailleurs n'a point de revers dont
le noble plaifir de produire & d'écrire ne
confole.... & la plume eft la baguette d'Ar-
mide qui féconde un aride défert & le change
tout-à-coup en une plaine enchantée, couverte de fruits & de fleurs.....

Je vais vous révéler, Madame, quelques fe-
crets littéraires ; le mêlange en eft trop curieux
pour le vouer à un éternel oubli. L'intérêt de
rivalité articulera peut-être contre mon jugement ; mais de telles plaintes ne passeront pas
les bornes des petits cercles où elles peuvent
naître & où elles doivent expirer. Mon but eft
d'inftruire & de corriger s'il eft poffible ; tout
ce que je dirai fera animé par ce defir &
dirigé vers cet objet. Le dépit pourra entaffer
libelles fur libelles ; la haine & la vengeance
pourront ouvrir toutes les bouches au menfonge ;
mais elles ne fermeront jamais la mienne à la
vérité, & j'abandonnerai toujours les triomphes
de la perfidie, pour me réferver ceux de la
générofité.

Le premier portrait que je vais retracer à vos
yeux, Madame, renferme l'hiftoire du cœur

de l'homme ; c'eſt celui d'un des plus grands
écrivains à qui la France ait donné le jour.
Sa naiſſance & ſa vie juſqu'à préſent ont été
ignorées. Pour oſer le peindre, il faudroit une
autre touche que la mienne. Mais la force des
traits & la vivacité des couleurs qui forment
le caractere diſtinctif de ſes paſſions, portent
avec elles la lumiere propre à vous le dévoiler.
Les autres tableaux ne ſeront pas d'une juſteſſe
moins frappante : à la premiere lecture , vous
en reconnoîtrez la vérité, Madame , dans le
témoignage de votre propre expérience. J'aurois
dû commencer par le portrait de celle qui lui
a donné le jour : mais pour l'enchaînement de
ces mémoires, la marche que j'ai gardée , je
l'ai trouvée plus analogue , plus facile & plus
commode.

PREMIER PORTRAIT.

ALEMBERT, (*Jean* LE ROND D') fecrétaire perpétuel de l'académie françoife, &c. &c.

Quel intérêt ont eu nos écrivains en nous cachant la naiffance de ce grand géometre ? Ils l'ignoroient fans doute, ou ils ont voulu l'ignorer. Pourquoi craindre de nous dire que le charmant auteur des *malheurs de l'amour*, *du fiege de Calais*, *du comte de Comminges*, *&c.* lui avoit donné la lumiere ? Avoient – ils à redouter les foudres du Vatican, parce que fa maman étoit chérie du pontife qui les lan- çoit alors ? Ils font paifibles aujourd'hui ces foudres, ou pour mieux dire impuiffants, de- puis le regne des Henri. On baife bien la mule en ce jour, mais rarement celle du pape.... Encore un coup, il ne falloit pas taire la naiffance de *Jean*- le Rond, un de ces hommes dont la réputation n'eft pas auffi étendue qu'elle devroit l'être (parce que la multitude n'eft pas à portée d'apprécier leur mérite), quoique privé des fuffrages du vulgaire, & formé par un nœud illégitime, n'en avoit pas moins de droits à la reconnoiffance publique. La naiffance eft l'effet du hafard, & elle ne fera jamais un

titre d'exemption qui puiffe difpenfer du mérite, quoiqu'en difent quelques nobles. L'homme
que fa nobleffe a vraiment anobli, eft celui
qui méprife fa naiffance comme un titre d'orgueil, & ne l'eftime que comme un encoura-
gement à la vertu. On n'hérite pas de la gloire;
c'eft une moiffon qui n'eft recueillie que par
les mains dont les travaux l'ont femée. Mais
laiffons cette digreffion, & fuivons pas-à-pas
notre phénomene littéraire.

M. d'Alembert naquit à St. Egreve (petit
village diftant de Grenoble d'une lieue & demie)
le 2 janvier 1717, de *Claudine - Alexandrine*
Guerin de Tencin, fœur du cardinal de ce
nom. M. de Bouquéron dont on voit encore
le château heureufement fitué près le joli couvent de Mont - Fleuri (1), étoit le pere de

---

(1) Ce charmant monaftere à qui l'on pourroit
donner le nom de maifon de plaifance, eft à une
petite lieue de Grenoble, & renferme dans fon fein
l'élite des demoifelles de nobleffe. Il eft bien fâcheux
que ce monaftere n'ait pas joui plutôt de la liberté qu'il
refpire aujourd'hui. Lorfque Jean-Jacques vint à Grenoble, chez M. Bouvier, il aimoit éperdument une jeune
religieufe que fes parents avoient facrifiée. Il n'a jamais
pu parvenir à un doux entretien avec cette jolie femme,
qui auroit peut - être auffi donné le jour à un grand
homme.

ce grand homme. On fait que ce même M. de Bouquéron avoit la manie du fils du poëte *la Frefnaye*. Cet homme fingulier dans fes mœurs, s'habilloit fouvent en berger , & dans cet équipage , la houlette à la main , la panetiere au côté , le chapeau de paille fur la tête , accompagné de deux ou trois jeunes bergeres les plus jolies du hameau , il faifoit retentir de fes chants les échos du *grave* monaftere. Nous donnerons ailleurs des détails plus particuliers de la vie de M. de Bouquéron. Une de ces jolies bergeres prit foin des jeunes ans de M. d'Alembert. Le pere Bougeant, jéfuite qui vivoit alors, & qui craignoit peu de fortir des bornes prefcrites à la gravité de fon état, fit un jour dans la fociété de M. de Bouquéron le portrait de la nourrice du petit *Jean*. On fera bien aife de le trouver ici. « La taille de cette jeune » bergere, dit l'*innocent* jéfuite , étoit celle d'une » déeffe ; fes cheveux effaçoient le noir de » l'ébene, fa peau étoit plus blanche que l'ivoire, » deux fourcils hardiment ceintrés couronnoient » fes yeux étincelants; fon cou étoit plus éclatant & plus blanc que l'albâtre ; deux fraifes » du plus beau vermeil brûloient fur deux tas » de neige ; fon fouris étoit tendre ; tantôt à » un air piquant de nonchalance fuccédoit la

» négligence là plus aimable ; tantôt c'étoit
» un ton délicieux de fenfibilité qui tempéroit
» l'éclat du plus charmant vifage; cette nouvelle
» Hélene , ajoute le *patelin* enfant d'Ignace ,
» auroit allumé dans le cœur le plus endurci
» tous les fentiments de la volupté (1). » C'eft
bien ici le cas de faire tenir au pere Bougeant
le langage de Moliere dans fon *Tartufe* :
« *L'étoffe de la jeune bergere m'auroit paru bien*
» *moëlleufe.* »

Jean le Rond annonça dès l'âge le plus
tendre les plus heureufes difpofitions pour
la géométrie. A l'âge de 17 mois le petit
fripon méfuroit déja de fes doigts les contours
arrondis de la gorge de fa nourrice. Quelle
jouiffance pour madame de Tencin ! à trois ans
le jeune géometre habita le château (2) de fon
papa. La maifon de M. de Bouquéron (quoique
homme fingulier dans fes mœurs, comme nous

---

(1) Ce portrait qui décele la plume du pere Bougeant, un de nos célebres écrivains n'a pas craint
de fe l'approprier. Ce *pieux* jéfuite eft l'auteur de *la*
femme docteur , du *faint déniché* , des *Quakers françois* ,
trois comédies où l'on remarque un fel & une gaieté
très-propres à faire fentir le ridicule des travers qu'il
attaque.

(2) Il eft à quelque diftance de Mont - Fleuri.

l'avons obfervé) étoit celle de la bienfaifance
& de l'hofpitalité. Il y recueilloit alors un enfant de pauvre habitant qui trouvoit en lui un
fécond pere. Elle étoit encore ouverte à l'af-
fluence de fes amis & de fes voifins. Le jour
que le jeune d'Alembert y fut tranfporté,
M. de Bouquéron les invita au feftin, où fe
trouva la fœur du cardinal avec toutes fes bonnes
amies. La table étoit dreffée fous une longue
tonnelle de jafmins, toute chargée de fleurs.
Elle laiffoit voir aux convives les beautés de
fon jardin ; c'étoient des bofquets d'orangers ,
avec leurs pommes d'or ; des cafcades qui fe
répandoient dans un baffin à l'extrémité des
parterres ; & dans le fond de la perfpeƐive ,
quatre grands tilleuls ; les branches projetées
en parafol, & couverte d'un feuillage touffu ,
repréfentoient un luftre en pyramide. Le feftin fut terminé par plufieurs ballets dont, quel-
ques-uns peignoient les périodes de l'amour. ...
Là, une troupe de jeunes bergeres battoient des
mains en les approchant de leur vifage. Ici ,
d'autres fe courbant & danfant autour du poupon, remuoient les hanches avec une agilité
furprenante ; & il y en avoit qui tournoient
avec tant de rapidité fur elles - mêmes , qu'au
bout de quelques minutes elles étoient trem-

pées de fueur. Quatre negres (1) à figure gro-
tefque, battoient fur des tambours & faifoient
des éclats de rire à la vue des attitudes comi-
ques des danfeufes du hameau. La jeune nourrice, fous un fimple corfet de bure, la tête
penchée, les yeux baiffés contre terre, agitoit
doucement fes pieds, & fourioit à peine aux
agaceries de fes compagnes. ...

Quels fentiments délicieux éprouvoit alors
Mad. de Tencin ! Son front étoit ferein ; on
voyoit la joie briller dans fes yeux ; les plus
tendres affections s'éveilloient dans fon cœur ;
mais elles ne pouvoient éclater comme celles
d'une mere ; elles étoient le fruit d'un nœud
illégitime. Quelle violence pour une ame fenfible ! O pudeur ! vertu factice qui ne dois ton
exiftence qu'à la connoiffance du vice, pourquoi faut - il qu'en nous apprenant que nous
fommes coupables, tu ne fois qu'un nouveau
piege pour celui qui cherche à te vaincre, &

---

(1) M. de Bouquéron avoit à fon fervice quatre
ou cinq domeftiques negres, qu'il traita toujours avec
la plus grande douceur. C'étoit le meilleur des
hommes que j'aie connus, dit le pere Bougeant. J'ai
vu fouvent les enfants du hameau le fuivre en foule
à la promenade avec des acclamations de joie, & fau-
ter autour de lui avec l'air du bonheur.

pour

pour celle qui eſt déja vaincue ? . . . : : : : .
La pluie vint finir le bal (1). A minuit, le
ciel devenu ſerein, M. de Bouquéron (il étoit
alors conſeiller au parlement de Grenoble) donna
un grand feu d'artifice préparé par les mains
du fameux Nobilibus , jéſuite ; (alors cette
canaille logeoit, mangeoit, nichoit par - tout.)
Alexandrine eut un moment favorable pour
ſortir de la foule ; elle alla arroſer des larmes
de tendreſſe le poupon qui étoit mollement
couché ſur un lit de roſes. La ſanté brillante
dont il jouiſſoit engagea Alexandrine à faire les
vers ſuivants ſur ce bien ſi précieux, & que nous
cherchons tous les jours à perdre par nos excès.

O charmante ſanté ,
Que ta préſence aimable
Eſt un bien deſirable !
Quelle félicité
De t'avoir pour partage ,
En tout temps , à tout âge !

---

(1) Nous connoiſſons les effets ſinguliers du tonnerre. Le jour de ce brillant feſtin , il éclata ſur le couvent de Mont - Fleuri , paſſa par la cheminée ; & priva
chaque religieuſe du tendre pigeon que la ſœur Thé-
reſe venoit de préparer. C'eſt là tout le mal qu'il fit. Pour
moi , je penſe que ce fut une vive affliction pour elles.
Il leur fallut ſe réſoudre à ſouper avec des viandes groſ-
ſieres , & comme on ſait , l'eſtomac d'une nonne n'y
eſt guere accoutumé.

Est-il d'autre bonheur
Dans le cours de la vie,
Qui doive faire envie
Et chatouiller un cœur ?
Le luxe, l'abondance,
Le savoir, l'éloquence,
Les amours, les grandeurs
Et les faveurs des princes,
Sont des présents bien minces.
Un monceau de tréfors,
Une grande lignée
Et la beauté du corps
D'une femme bien née,
Sont - ils des biens sans toi?
Quand ce seroit un roi,
Si la douleur l'accable,
Je le tiens misérable.
Tous les bienfaits divers
Qu'accorde à la nature
L'auteur de l'univers ;
La charmante verdure
Qui renaît tous les ans
Au retour du printemps,
Ce qu'il produit de rare
Pour récréer nos fens,
Tout ce qui les répare
Quand ils font languissants,
Et ce que sa largesse
Répand sur nous sans cesse,
Peut - il être compté
Comme un bien desirable,
Sans ta présence aimable
O charmante santé !

M. N** qui a publié en 1769 un recueil
de poésies fugitives, a sans doute voulu faire sa
cour aux manes de Mad. Deshoulieres, en nous
disant que cette piece (qui ne se trouve point
dans le recueil de ses poésies) appartenoit cependant à cette femme estimable. M. N** ; qui
est né à la Rochelle en 1742 ; auroit-il hé-
rité du porte-feuille de Mad. Deshoulières, qui
est morte à Paris en 1694 ? C'est un peu difficile à croire. Laissons M. N** jouir à son aise
du fruit de son erreur. Avancer qu'une piece
est de Mad. de Tencin, pour dire qu'elle est
de Mad. Deshoulieres, ou qu'elle est de madame Deshoulieres pour dire qu'elle est de madame de Tencin ; l'anachronisme est pardon-
nable à l'auteur du *Tableau mouvant de Paris.* Pour
nous, qui avons vu à Mont-Fleuri les quatre
premiers de ces vers gravés (an 1688) sur le
seuil de la porte d'une jeune religieuse que
ses parents ont forcée depuis peu à embrasser la
vie monastique (1). Nous nous contenterons de

(1) Nous nous écrierons ici avec M. de la Harpe,
en parlant du sentiment de l'église sur la profession
religieuse :

Mais elle veut toujours qu'on soit libre en son choix,
Elle veut, quand du cloître on embrasse les loix,
Que le ciel, le salut soient nos motifs augustes,
Mais les erreurs du siecle, & les projets injustes ;

B 2

dire que Mad. de Tencin les fit, n'étant âgée
encore que de huit ans.

Le lendemain du bal, le petit peuple nonnain,
la guimpe volant au gré des zéphirs (1) fur

Mais d'un foible enfant fe rendre l'oppreffeur !
Lui commander des vœux qui lui font en horreur ,
Que l'avarice attend , & que la crainte fouille ;
Offrir fon ame à Dieu pour ravir fa dépouille ;
Faire entre deux enfants qu'on a reçu des cieux ,
De l'amour , de la haine un partage odieux :
Grand Dieu ! que de l'orgueil, cet horrible édifice
S'écroule & difparoiffe aux yeux de ta juftice.

(1) Autrefois les religieufes n'avoient point le dé-
fagrément de voir les plus beaux tréfors de la nature
enfovelis fous la guimpe. Ce n'eft que depuis 'e commencement du fiecle de Louis XIV , par une bulle fin-
guliere d'un pape fanatique, qu'elles ont été condam-
nées à avoir la gorge couverte d'un voile très - blanc,
qu'elles ont foin de coller voluptueufement fur elle ,
pour réveiller encore plus en nous l'aiguillon du plaifir. Auffi mademoifelle de St. Andi ** , fortie depuis
trois ou quatre années du couvent de Mont - Fleuri ,
a - t - elle dit avec un poëte agréable de nos jours , en
parlant de ces deux jolis *ronds - ton - ton* , qui font pendant la nuit nos plus cheres délices

Soit qu'à peine encor naiffants
Votre pudeur ingénue ,
Efclave du cœur, des fens,
Attire ou trompe ma vue :
Soit qu'arrondis pleinement
Par l'amour & la jeuneffe

un fein qui auroit fait honte à l'albâtre , vint
à fon tour prodiguer au poupon tous les baifers
& toutes les careffes inouies de la mere la plus
tendre.

L'inftrument de Cérès étoit prêt à faire tom•
ber les épis. Le jeune d'Alembert repofoit fur
un lit de jonc fraîchement amaffé à quelque diftance d'une claire fontaine qu'on voit encore
aujourd'hui dans le clos du couvent. Trois grands
chênes ombrageoient la fource que le reflet du
feuillage teignoit d'un verd fombre , quoiqu'elle
fût auffi pure que le criftal. A fes côtés étoit
Alexandrine déguifée en bergere, fous un fimple
habit de bure , & couronnée d'un chapeau de
rofes. O fommeil ! que j'aurois envié de jouir
du calme heureux où tu plongeois alors le jeune

Vous repouffiez fiérement
L'humble lac t qui vous preffe ;
Beaux tréfors de la nature !
Tant que le foleil nous luit ,
Vous en êtes la parure.
Mais au milieu de la nuit,
Au fein d'une alcove obfcure ,
Oui, l'amant feul qui vous preffe,
(Ah ! . . . je l'éprouve fans ceffe ,
Les êtres font confondus)
Oublie, au fein de l'ivreffe,
Tout l'univers qui n'eft plus.

B 3

géometre ! Sa main, dans un délire charmant cherchoit & s'égaroit fur le fein de fa mere : cette douce rêverie fembloit unir l'ame d'Alexandrine aux tendres erreurs de fes fonges.

Une jolie religieufe, infpirée par l'amour à ce fpectacle enchanteur, bien digne de réveiller dans un jeune cœur tous les fentiments de la plus vive tendreffe, accompagna ces vers (1) des doux accents de fa voix :

(*En s'adreffant à Alexandrine.*)

Viens, hymen, viens donner l'effor.
Aux jeux dont la foule t'appelle !
Defcends fur un nuage d'or ,
Ceint d'une guirlande immortelle !

Guérin eft la fleur du matin
Qu'aucun zéphir n'a careffée ,
Et qui va dans fon jeune fein
Recevoir la fraîche rofée.

Mais elle tarde à s'éveiller ,
Et le jour dore les montagnes !
Les feux de l'hymen vont briller.
Ouvre la porte à tes compagnes !

(*En prenant la main d'Alexandrine qu'elle vouloit
unir à celle de M. de Bouquéron.*)

Avance - toi , voici l'époux ;
Flambeaux , cachez votre lumiere !

---

(1) Un de nos poëtes n'a pas dédaigné de les imiter dans un roman paftoral.

Couple amoureux , enlacez - vous.
Comme les branches du lierre !

La pudeur arrête tes pas ;
Je vois déja couler tes larmes.
Oh ! que ces timides combats
Pour ton amant auront de charmes !

O douce nuit , hâte ton cours ;
Lit brûlant , trône de délices ,
Que tu feras naître d'amours !
Que tu verras de sacrifices !

Quel tableau , quand ce jeune enfant
Penché sur le sein de sa mere ,
Avec un sourire innocent ,
Etendra ses mains vers son pere !

Vivez long - temps , vivez heureux ,
Moissonnez les fleurs du bel âge ,
Et puissent vos derniers neveux
Rappeller encor votre image !

A ces vers charmants, Alexandrine s'éveilla.
C'étoit une beauté céleste , c'étoit l'amour ,
c'étoit l'innocence avec tous ses charmes. Elle
marchoit accompagnée de la nourrice du jeune
d'Alembert. La foule , nous dit un auteur
agréable , se porta dans le bois voisin (1) où

_____

(1) Ce bois est à une centaine de pas du château de
M. de Bouquéron , hardiment bâti sur un pic , pour
ainsi dire. L'un & l'autre offrent un séjour délicieux.

M. de Bouquéron avoit fait préparer un ban-
quet fous des berceaux de myrte. Tout y ref-
pira la joie ; tous les cœurs étoient contents,
L'abondance du repas, la beauté des fleurs &
des fruits qui décoroient la table, le rire innocent qui couroit fur toutes les bouches des religieufes , & l'appareil de ces convives animés
d'une douce ivreffe, offroient le tableau le plus
raviffant. M. de Bouquéron étoit enchanté.
Affis près d'Alexandrine fur un lit de pampres
nouveaux , & le front ceint d'une couronne
d'aneth, il tenoit une coupe de vin , & à mefure qu'il buvoit , le fouvenir de fes grandeurs
paffées fuyoit de fon efprit comme un fonge
de la veille. Livré à la gaieté du feftin , il
jouiffoit d'une félicité qu'il n'avoit point connue
au milieu de fes courtifans. « Vous voyez ,
» difoit-il aux jeunes nonnes , vous voyez ici
» une image de notre vie ; elle s'écoule dans
» un bonheur toujours égal. On dit qu'il fut
» un temps où des ruiffeaux de lait baignoient
» les plaines : que ces peintures ne foient pas
» nées de la brillante imagination des poëtes,
» & qu'il y ait eu fur la terre un âge d'or ,
» que nous importe ? nous réalifons le fiecle
» d'Atrée ; nous retrouverons fes biens dans la
» modération de nos defirs. Ici, les jeux de la

» fortune ne rendent point un jour différent
» d'un autre ; aucun changement n'arrive dans
» le cours du plus grand âge ; chacun vit comme
» il eſt né , comme il mourra. » La fête paſſée
dans le ſein des plaiſirs, le cortege nonnain ſe
retira, & s'en alla chanter gaiement l'office (1).

Quelques ſemaines après cette brillante fête ,
le jeune d'Alembert fut dévoré par une fievre
brûlante ; (c'étoit la petite vérole qui ſe déclaₐ
roit ſous le maſque le plus finiſtre.) On crai‑
gnoit pour ſes jours, & l'on avoit raiſon ; il eſt
bien rare qu'un homme même le plus vigou‑
reux , entre les mains d'une religieuſe , tôt ou
tard ne meure pas ſucré. L'eſtomac du poupon
étoit cruellement fatigué par les bonbons dont
il étoit ſurchargé. Alexandrine fit venir le

(1) De tous les couvents de religieuſes de la France,
Mont - Fleuri eſt certainement celui où l'on donne aux
demoiſelles de nobleſſe l'éducation la plus brillante ,
qui n'eſt ſouvent qu'un ſecond orgueil qu'on leur inſ‑
pire. C'eſt auſſi un monaſtere où l'on trouve cet air de
liberté & d'aiſance qu'on ne puiſe qu'à la cour ; &
lorſqu'une demoiſelle en ſort à la fin de ſon éducation ,
on peut dire qu'elle en ſort formée de toutes les ma‑
nieres . . . Les religieuſes y ſont d'une gaieté qu'on ne
trouve point ailleurs. A la vérité , tout invite aux plaiſirs
dans ce ſéjour enchanteur , & je donnerois tous les bé‑
néfices de France , pour y terminer ma carriere.

médecin de la Montagne (1) ; les foins de tous les autres difciples d'Hypocrate avoient été inutiles. Le nombre en étoit même multiplié ; on avoit donné au jeune d'Alémbert quarante médecins ; il eft étonnant qu'avec cette multi-plicité de freres ignorantins (pour la plupart) , il ne foit pas mort martyr ; car il n'en faut pas un fi grand nombre pour envoyer un malade aux limbes ; un de ces meffieurs-là, eft quel-quefois plus que fuffifant. Enfin ; par les foins inouis du célebre médecin de la Montagne , après une maladie qui dura une année , d'Alem-bert jouit d'une fanté brillante. M. de Bouqué-ron, pour donner à fon fils un tempérament plus vigoureux encore , fe décida au 21 mai 1731 , à lui faire refpirer l'air falubre de la Suiffe. La fimple chaumiere d'un gros Germain tranf-porté chez le corps Helvétique , & qui habitoit aux environs de Vevay (2) , près du lac de Geneve, fut deftinée au jeune d'Alembert. Du pain noir, une couche dure pendant quelque temps , firent verfer bien des larmes ameres au poupon qui fortoit du fein des religieufes : & la molleffe, comme on fait , ne fe concilie

---

(1) Le prédéceffour de Michel Schupack célebro médecin fuiffe, auffi nommé *le médecin de la Montagne.*

(2) Jolie petite ville de Suiffe à 3 lieues de Laufanne.

guere avec l'auſtérité. Cependant après un eſpace
de trois mois , il fut accoutumé à ce genre de
vie. Une année à peine écoulée, la charmante
Alexandrine , & le bon M. de Bouquéron eu-
rent la jouiſſance inexprimable de voir à leur fils
l'embonpoint de ces Suiſſes tout ronds de panſe.
On ne l'appella plus que du nom de *Jean le
Rond* , qui lui eſt reſté (1). La vie champêtre
avoit des charmes invincibles pour d'Alembert.
Qu'il aimoit à ſe repréſenter , dit Mad. de Tencin , cette troupe de jeunes Suiſſes , danſant au
ſon du hautbois , ſur ces rives fortunées ! &
lorſqu'il entendoit de loin dans les campagnes
le chant d'une romance, l'émotion le gagnoit
inſenſiblement ; il rêvoit, il s'oublioit, & la nuit
le trouvoit encore occupé de cette mélodie ruſ-
tique. Et moi , une mélancolie délicieuſe me
ramenoit dans les plaiſirs de ma tendre jeuneſſe.
Aux airs de certaines contre-danſes qui venoient
quelquefois me frapper l'oreille, mon cœur ſe
reportoit ſur des ſouvenirs attendriſſants , & les
larmes tomboient de mes yeux.... Quelquefois
je ſoupirois en penſant à celui qui s'étoit rendu

_____

(1) Celui de *d'Alembert* lui vient d'une terre de ce
nom, ſituée près de Mont - Fleuri , appartenante autrefois à M. de Bouquéron , & aujourd'hui à M. de
Lamourouz , receveur général des finances à Grenoble.

maître de mon ame. Apprenois - je fon arrivée ,
ou le voyois - je loin de moi , je courois me
cacher en palpitant; je tremblois que l'altération de mon vifage ne décelât l'état de mon
cœur ; je voulois au moins avoir le temps de
me remettre de mon trouble, avant de paroître
aux yeux de mon vainqueur. Dans ma petite
boîte à glace , il falloit d'ailleurs confulter ma
figure , pour ne rien perdre de mes avantages ,
rajufter ma coëffure , orner mes cheveux de fleurs ,
rendre une boucle plus flottante , & un ruban
plus bouffant , rattacher un pli de ma robe qui
pouvoit nuire à la rondeur de ma taille, donner à la gaze légere qui paroit mon fein plutôt
qu'elle ne le couvroit , cette négligence étudiée
qui favorife les regards d'un amant , fans donner atteinte à la décence. Alors l'amour con-
duifoit lui - même cette main que l'émotion
rendoit tremblante , fans lui rien faire perdre de
fon adreffe .. & tout ce qu'il dicte. L'amour n'eft-
il pas exécuté par les graces ? c'eft lui feul qui
embellit fon ouvrage. .... Parée ainfi par l'amour
même , belle par les dons de la nature, j'ofe
le dire , mais plus belle mille fois encore par le
plaifir de l'être , & le defir de plaire à ce que
j'aimois ; après avoir héfité quelque temps ,
emportée par l'amour , & retenue par la crainte ,

je me déterminois enfin , ou plutôt j'étois en-
traînée vers mon amant. A fa vue, l'embarras ,
la honte, l'émotion s'emparoient de tous mes
fens ; je chancelois , je tremblois, je rougiffois ,
& n'ofois lever les yeux fur le feul que je
voyois. Si je lui adreffois la parole , je n'avois
pas la force de lui répondre, ou ne lui répon-
dois que par des mots mal articulés ; mon trouble étoit trop grand pour que je puffe goûter le
plaifir de le voir ; & je ne fais par quelle fatalité je ne jouiffois de fa préfence que lorfque
je ne le voyois plus. La crainte de m'en voir
bientôt féparée ajoutoit encore à mon agitation.
Partoit - il enfin, mon cœur le fuivoit , mes
yeux parcouroient avec avidité les traces de fes
pas. Mais bientôt je le rappellois, le fon de ma voix
frappoit fes oreilles & pénétroit jufqu'à fon cœur:
il s'approchoit de moi ; une nouvelle émotion
s'emparoit de tous mes fens , mon cœur palpi-
toit, mon ame fembloit s'exhaler, l'excès de
mes defirs m'en ôtoit prefque le fentiment : alors
tout mon être étoit fubjugué ; je ne voyois
plus , je ne penfois plus , & n'exiftois plus
que pour fentir. . . . . . Alexandrine avoit toujours foin de ne point témoigner à M. de Bouquéron ces excès d'amour en préfence du jeune
d'Alembert. Les enfants font communément ce

que font les parents, nous dit un homme fenfé. Les
peres & meres font des modeles que le refpect &
l'habitude difpofent naturellement à imiter : c'eft
une puiffante leçon que leur exemple ; & on ne fauroit croire combien la divifion entre époux , l'emportement font impreffion fur de jeunes enfants , qui remarquent les chofes bien plus qu'on
ne penfe. Leur efprit peu riche en idées , fe
garnit de tout ce qu'il voit ; les excès dont ils
font témoins , laiffent en eux des traces profondes , qui fe renouvellent lorfqu'ils font enfuite
en même occafion. En général , les hommes
feroient meilleurs , fi ceux qui leur ont donné
la lumière s'aimoient davantage & étoient plus
fages. Ce n'eft point le commerce du monde
qui peut corrompre un jeune enfant ; tous les
travers qui y regnent ne prendront fur lui ,
qu'autant qu'un pere ou une mere diffipéc les
adoptera en la préfence. La fimple approbation
des vices à la mode fuffit même pour les faire
paffer aux enfants , toujours portés à eftimer ce
qu'ils voient eftimer par leurs parents. Le goût
qu'avoit Fauftine pour les gladiateurs , fit de
l'empereur Commode , fon fils, un vil gladiateur.

Une mere fpirituelle & fage , bien éloignée
d'infpirer à fes enfants les différentes folies cou-
rantes , fait les éloigner fans violence de tout

ce qui n'eſt pas d'accord avec la ſageſſe & la raiſon ; elle leur fait voir le monde avec profit, leur en fait remarquer les excés pour les leur faire éviter , & leur offre dans ſa conduite une regle ſûre de celle qu'ils doivent tenir. Nous pouvons dire que Mad. de Tencin , auprès de ſon fils , fut un modele de vertus , & qu'il n'eut jamais à ſoupçonner l'auteur de ſes jours de la paſſion qu'elle avoit pour M. de Bouquéron.

D'Alembert fut obligé d'abandonner le ſéjour aimable de la Suiſſe qu'il chériſſoit , au 24 juillet 1722. Il avoit alors près de cinq ans. Son génie commençoit à ſe déployer. Alexandrine conçut pour ſon fils le projet de l'éducation la plus brillante; le jeune littérateur fut ramené au château de ſon papa. Mad. de Tencin ne craignit point que les ſoins les plus pénibles pour former l'eſprit & le cœur du géometre , nuiſiſſent à ſes charmes ; elle étoit trop perſuadée que les impreſſions qu'on reçoit dans un âge tendre ne-s'effacent jamais , & que rien ne peut juſtifier une mere même adoptive du ſyſtême d'indifférence à cet égard. Elle ne s'en rapporta jamais , ſur un objet auſſi eſſentiel , à des domeſtiques ordinairement inattentifs , preſque toujours groſſiers , & ſouvent vicieux. En effet , il n'eſt qu'un amour - propre exceſſif qui puiſſe

fermer les yeux fur les fuites d'une auffi indif-
crette confiance.

Quelque tendres que foient les fentiments
d'un pere pour fes enfants , ajoute le même
écrivain , ils trouvent encore dans le fein d'une
mere des témoignages d'une plus vive tendreffe ;
l'expérience le confirme tous les jours. Le cœur
d'une femme , lorfqu'il n'eſt point livré à l'erreur des paffions , porte toute fon affection fur
une famille dont elle fait les délices ; & il n'eſt
point dans la nature de liens comparables à ceux
qui uniffent une mere tendre à des enfants qui
la paient de retour.

Ce doux empire cimenté par les bienfaits &
par la reconnoiffance , fait toute la gloire & la
félicité d'une femme fage. Voilà ma parure &
mes bijoux , difoit l'illuftre mere des Graches ,
en montrant fes enfants qu'elle inftruifoit elle-
même. De tels ornements deftinés à relever & à
fervir utilement la fociété , jettent plus d'éclat
fur une femme que ne feroient toutes les pier-
reries de l'Orient. Mad. de Tencin facrifia fon
repos , fes veilles pour l'éducation de fon fils , qui,
bien jeune encore , lui témoignoit fans ceffe les
marques les plus vives de refpect , de reconnoiffance & d'amour. Que j'aurois aimé à l'entendre répéter à Alexandrine ces paroles inf-
pirées

pirées par l'amitié la plus tendre. « Bonne ma-
» man, c'est toi qui m'as porté dans ton sein ;
» avant de naître, je t'avois déja causé des dou-
» leurs ; en naissant, je pouvois te donner la
» mort. Combien de peines & de soins t'a coûté
» ma premiere enfance ! Le cri de tes entrailles
» te réveilloit dans le silence des nuits, & pré-
» venoit la voix de mes besoins. Chaque instant
» de ma fragile existence a fatigué ta sensibilité ;
» chacun de mes dangers ajoutoit à ton amour.
» Aujourd'hui encore à tout moment, je retrouve
» ta vigilance & ta tendresse dans ces besoins
» du cœur que l'ame maternelle seule sait de-
» viner. Au milieu des souffrances particulieres à
» ton sexe, ces soins te charment & te consolent.
» Exclue des nobles travaux & des fréquents
» plaisirs accordés à la force & à l'indépendance
» de l'homme, tu t'occupes à aimer, tu jouis
» dans ce que tu aimes, & tu n'aimes rien
» comme ton enfant. Oh ! comment pourrois-
» je donc te payer de cet excès d'amour que toi
» seul peux m'accorder ? Que mon papa me de-
» mande ma soumission, ma confiance, le sa-
» crifice de ma fortune, de ma vie, je suis à
» lui, comme il fut à moi, & mon bonheur ne
» se séparera pas de mon devoir ; il me sera doux
» de lui tout rendre, de lui tout donner ; mais

» je réferve pour toi ce qui peut davantage te
» toucher, ce qui t'eft plus néceffaire, tout ce
» qu'il y a de plus fenfible, de plus délicat dans
» les égards, dans les prévenances, dans les
» épanchements, dans les confolations, & pour
» les bien connoître, toujours, oui toujours,
» j'irai les chercher, les étudier dans ton cœur... »
Quelle fenfibilité impétueufe entraînoit dans
ces heureux moments le cœur du jeune d'Alembert (1) ! On n'en fera pas étonné pour peu qu'on
réfléchiffe fur la précocité de fon génie ; car à
peine eut-il atteint fa dixieme année, que fon
maître de penfion déclara qu'il n'avoit plus rien
à lui apprendre.

Mad. de Tencin n'eut pas grand'peine de perfuader à fon fils que le travail eft une loi de
la nature, dont l'obfervation fait la gloire de
l'efpece humaine. A l'âge de cinq ans, il favoit
déja que la qualité, la fortune, aucune raifon
n'en pouvoit difpenfer ; & que rien n'eft plus
digne de mépris que cette langueur de l'ame qui
porte à s'y fouftraire. Ne rien faire, difoit-il
fans ceffe, c'eft, autant qu'il eft en fon pouvoir,
rentrer dans l'inexiftence ; (paroles dignes d'être
dans la bouche de nos plus grands philofophes.)

_____

(1) Il n'avoit alors que fix ans.

La nécessité du travail, ajoutoit - il, est le plus beau don que Dieu ait fait à l'homme. Ce qui exaltoit encore dans son ame cette importante vérité , c'étoient les pénibles sillons que traçoient les laboureurs dont il chérissoit la société.

« *Je n'existerois pas sans vos travaux , mes bons amis,* » *leur disoit - il ; oh ! il viendra bien le temps où* » *j'aurai la force de faire comme vous ! »*

Une pénétration singuliere & l'ardeur la plus opiniâtre pour l'étude entraînerent de bonne heure d'Alembert à tous les genres du savoir. La physique , la morale, l'histoire l'occuperent tour - à - tour. A dix ans il entra en seconde au college Mazarin , où il acheva ses études avec la plus grande distinction ; mais ce fut en philosophie qu'il fit connoître un goût décidé pour les mathématiques, qui, depuis, fixerent principalement son application. Ses connoissances profondes le firent accueillir de bonne heure dans les sociétés les plus brillantes (1). A sept ans ce jeune prodige parloit plusieurs langues. Son caractere étoit celui

---

(1) Le génie de d'Alembert fut aussi précoce que celui de Beauchâteau. . . . Que j'aime à l'entendre répéter à Alexandrine ces paroles inspirées par une grandeur d'ame peu ordinaire : « Ma bonne maman ; qu'il est doux » de faire des heureux. » Le jeune d'Alembert voyoit alors Madl. de Tencin soulager l'indigent.

des Corneille , des la Fontaine ; il paroiſſoit inſi-
pide ; ſa bonhommie même contribuoit à le
faire juger tel.... ; mais on ne ſavoit pas le
juger. Et comment les gens du monde pourroient - ils, ſous le manteau de la ſimplicité , reconnoître l'homme illuſtre ? Il eſt peu de con-
noiſſeurs en vrai mérite. Si la plupart des Ro-
mains , dit Tacite, trompés par la douceur &
la ſimplicité d'Agricola, cherchoient le grand
homme ſous ſon extérieur modeſte , ſans pouvoir
l'y reconnoître ; on ſent que, trop heureux d'échapper aux mépris des ſociétés particulieres , le
grand homme , ſur - tout s'il eſt modeſte , doit
renoncer à *l'eſtime ſentie* de la plupart d'entre elles.
Auſſi n'eſt - il que foiblement animé du plaiſir
de leur plaire ; il ſent confuſément que l'eſtime
de ces ſociétés ne prouveroit que l'analogie de
ſes idées avec les leurs ; que cette analogie ſeroit ſouvent peu flatteuſe , & que l'eſtime publique eſt la ſeule digne d'envie, la ſeule deſirable, puiſqu'elle eſt un don de la reconnoiſſance publique , & par conſéquent la preuve
d'un mérite réel. C'eſt pourquoi le grand homme,
incapable d'aucun des efforts néceſſaires pour
plaire aux ſociétés particulieres , trouve tout poſſible pour mériter l'eſtime générale.

Les ennemis de d'Alembert l'appelloient *le*

Mazarin de la littérature , & ce juſte titre , le géometre dauphinois le méritoit à tous égards.....
L'amour de la vérité, le zele pour les progrès
des ſciences & pour la défenſe des droits des
hommes, formoient, d'un autre côté, le fonds de
ſon caractere. Une probité exacte , un défintéreſ
ſement noble & ſans faſte , une bienfaiſance
éclairée furent ſes principales vertus. Pluſieurs
jeunes gens qui annonçoient des talents pour les
ſciences & pour les lettres , trouverent en lui
un appui & un guide ; & l'ingratitude de quelques‑uns ne put l'empêcher de ſe livrer à ſon
caractere officieux. Si le grand homme eſt toujours le plus indulgent, s'il regarde comme un
bienfait tout le mal que les hommes ne lui font
pas , & comme un don tout ce que leur iniquité lui laiſſe ; s'il verſe enfin ſur les défauts
d'autrui le baume adouciſſant de la pitié, & s'il
eſt lent à les appercevoir ; c'eſt que la hauteur
de ſon eſprit ne lui permet pas de s'arrêter ſur
les vices & ſur les ridicules d'un particulier ,
mais ſur ceux des hommes en général, s'il en
conſidere les défauts ; ce n'eſt point de l'œil malin & toujours injuſte de l'envie , mais de cet
œil ſerein avec lequel s'examineroient deux
hommes qui , curieux de connoître le cœur &
l'eſprit humain , ſe regarderoient réciproque

C 3

ment comme deux fujets d'inftruction & deux cours vivants d'expérience morale : bien différents, à cet égard, de ces demi‑efprits, avides d'une réputation qui les fuit, toujours dévorés du poifon de la jaloufie, & qui, fans ceffe à l'affût des défauts d'autrui, perdroient tout leur petit mérite, fi les hommes perdoient leurs ridicules.

Un autre motif de l'indulgence de l'homme de mérite, & qui étoit celui de d'Alembert, tient à la connoiffance qu'il a de l'efprit humain. Il en a tant de fois éprouvé la foibleffe; au milieu des applaudiffements d'un aréopage, il a été tant de fois tenté, comme Phocion, de fe retourner vers fon ami pour lui demander s'il n'a pas dit une grande fottife : que toujours en garde contre fa vanité, il excufe volontiers dans les autres des erreurs dans lefquelles il eft quelquefois tombé lui‑même. Il fent que c'eft à la multitude des fots qu'on doit la création du mot *homme d'efprit;* & qu'en reconnoiffance, il doit donc écouter fans aigreur les injures que lui prodiguent des gens médiocres. Mais une autre caufe de l'indulgence de d'Alembert tenoit à la vue nette qu'il avoit de la néceffité des jugements humains. (Nous verrons dans la fuite qu'il n'a eû qu'un moment d'erreur & un motif aveugle

de caufticité violente contre un poëte eftimable ;
M. Defmahis.) Il favoit que les hommes font
ce qu'ils doivent être ; que toute haine contre
eux eft injufte ; qu'un fot porte des fottifes ,
comme le fauvageon des fruits amers ; que l'infulter c'eft reprocher au chêne de porter le gland
plutôt que l'olive ; que fi l'homme médiocre eft
ftupide à fes yeux, il eft fou à ceux de l'homme
médiocre ; car fi tout fou n'eft pas homme d'efprit , du moins tout homme d'efprit paroîtra
toujours fou aux gens bornés. L'indulgence eft
donc toujours l'effet de la lumiere , lorfque les
paffions n'en interceptent pas l'action. . . . Voilà
quelle étoit la philofophie de d'Alembert : perfonne n'ignore que la philofophie néceffaire pour
plaire, eft une mefure affez exacte du degré de
philofophie que nous avons ; & que nul éloge ne
peut plus flatter un vrai grand homme , que la
réponfe fimple du Suédois qui remplit de la
plus douce ivreffe le cœur de M. de Fontenelle ,
lorfqu'on la lui apprit. Cet homme, entrant à
Paris , demande aux gens de la barriere la demeure
de M. de Fontenelle ; ces commis ne la lui peuvent enfeigner. « *Quoi !* dit-il , *vous autres Fran-*
» *çois , vous ignorez la demeure d'un de vos plus il-*
» *luftres citoyens ? Vous n'êtes pas dignes d'un tel*
» *homme. . . . . . .* » (HELVET. *Liv. de l'efprit*).
C 4

Quelques effais hiftoriques exercerent auffi la plume de d'Alembert ; fes réflexions fur la création, imitées de Boffuet, préfentent des tableaux qui éclairent , annoncent la vérité , confondent l'orgueil , apprécient les grandeurs , & ne diffimulent point les foibleffes. L'éloquence qui y regne eft mâle, abondante & naturelle. On les lira ici avec plaifir.

Le plus ancien des hiftoriens , le plus fublime des philofophes, le plus fage des légiflateurs (Moïfe), nous affure que le monde fut créé en fix jours (1) : un témoignage auffi authentique eft irrécufable. Cependant , nous dit un célebre hiftorien, on auroit tort de s'imaginer , & que ce temps eût été néceffaire à Dieu , & qu'il n'eût pu le créer tout à la fois ; mais on a feulement voulu marquer par - là la folemnité de fes ouvrages. Le mot de *jour* , dans prefque toute la Genefe , ne doit point fe prendre pour ce que nous appellons *jour artificiel ;* mais feulement pour un certain efpace de temps : ce qui eft encore à obferver en d'autres

_____

(1) Selon quelques hiftoriens , la création eft quatre mille cinquante-deux ans avant la naiffance de Jefus-Chrift ; & felon M. Boffuet, quatre mille quatre feulement.

endroits de l'écriture, où les noms *d'année*, *de femaine*, *de jours*, ne doivent point être reçus au pied de la lettre. Ce qui peut donner du poids à ce fentiment, c'eft que Moïfe, après avoir fait féparément l'énumération des chofes qui furent créées en fix jours divers, il les réduit enfuite à une feule journée, ou plutôt à un inftant fixe. En ce jour là, dit-il, Dieu fit le ciel & la terre & l'herbe des champs. Quoi qu'il en foit, cette difpute ne faifant rien au fond de la religion, chacun peut indifféremment embraffer le parti pour lequel il aura le plus de propenfion.

En examinant avec un efprit philofophique les différentes opinions de la *création* momentanée ou de la fucceffive, celle de la *création* dans un inftant donne une plus grande idée de la puiffance de Dieu, qui n'a pas befoin, comme un vil artifan, du temps & de la matiere pour perfectionner un ouvrage : il n'a qu'à dire que la lumiere fe faffe, & la lumiere eft faite. C'eft dans cette prompte obéiffance de la chofe créée, que fe manifefte la puiffance du créateur.

Le langage de l'écriture fur la création de l'univers eft frappant ; mais la peinture fublime qu'elle fait de la création de l'homme eft bien plus digne de notre admiration : jufqu'alors, tout avoit été fait par le Créateur en commandant : *que la lumiere foit ; que le firmament s'étende au milieu des eaux ; que les eaux fe retirent ; que la terre foit découverte , & qu'elle germe ; qu'il y ait de grands luminaires qui partagent le jour & la nuit ; que les oifeaux & les poiffons fortent du fein des eaux ; que la terre produife les animaux felon leurs efpeces différentes.* Mais quand il s'agit de produire l'homme , Moïfe lui fait tenir un autre langage : *faifons l'homme* , dit-il, *à notre image & reffemblance.* (Genefe , chap. I.)

« Ce n'eft plus cette parole impérieufe &
» dominante, dit M. Boffuet ; c'eft une parole
» plus douce, quoique non noins efficace. Dieu
» tient confeil en lui-même , Dieu s'excite
» en lui - même, comme pour nous faire voir
» que l'ouvrage qu'il va entreprendre furpaffe
» tous les ouvrages qu'il avoit fait jufqu'alors.
» Pour la ftructure d'un fi bel ouvrage il
» prend de la terre ; & cette terre arrangée
» fous une telle main reçoit la plus belle
» figure qui eût encore paru dans le monde.
» L'homme a la taille droite , la tête élevée ,
» les regards tournés vers le ciel ; & cette
» conformation qui lui eft particuliere , lui
» montre fon origine & le lieu où il dois
» tendre.

» La maniere dont il produit l'ame eft beau-
» coup plus merveilleufe ; il ne la tire point
» de la matiere : il l'infpire d'en haut. C'est
» un fouffle de vie qui vient de lui-même. »
Ne croyons pas, comme l'ont rêvé quelques
philofophes, que cette fubftance fpirituelle foit
un air fubtil, ni une vapeur déliée, ni même
une portion de l'Etre fuprême. Dieu n'eft pas
un tout qui fe partage. Notre ame eft feulement une chofe faite à l'image & à la reffemblance de la nature divine.

Voilà donc l'homme formé. Mais le Créateur
veut donner à ce même homme une compagne ;
il la forme de lui: l'un & l'autre font mis dans
un jardin délicieux (1) ; que ce charmant fé-

_____

(1) Quant à la défignation générale du *paradis terreftre*,
les écrivains conviennent qu'il étoit fitué en Afie. Mais
dès qu'il s'agit de déterminer en quelle partie de l'Afie,
nouveau partage d'opinions. Il feroit trop long de rappor-
ter ici celles de tous les hiftoriens qui ont traité cette matiere ; nous nous arrêterons feulement au fentiment de
MM. Huet, Hopkinfon & Bochart : ces trois hiftoriens
dont les ouvrages abondent en une érudition qui étonne
l'efprit & fuppofe l'étude la plus longue, la plus im-
menfe & la plus réfléchie, placent le paradis terreftre
entre le confluent de l'Euphrate & du Tigre, & à
l'endroit de leur féparation, parce que ces deux fleuves
arrofoient le jardin d'Eden.

jour lui offroit de beautés diverfes ! la nature
y verfoit richement fes plus douces influences ;
l'agréable & l'utile y étoient prodigués avec la
même profufion ; les prés émaillés des plus
belles couleurs donnoient toutes fortes de fleurs
& de fruits. . . . Saifi d'une joie foudaine , Adam parloit ainfi à fa compagne
chérie : « Toi feule en qui mon ame trouve un
repos parfait , fource de ma gloire , modele de
ma perfection , que ta préfence a pour moi
de charmes ! continuons d'éprouver les mêmes
tranfports ; que mes bras dans les tiens enlacés
augmentent l'attrait qui aiguife nos plaifirs !
que la volupté regne feule fur toutes nos fa-
cultés ! qu'elle écarte les maux qui peuvent
nuire à notre bonheur ou en altérer la jouiffance , & que le plus doux lien nous uniffe à
jamais ! »

L'amour leur fourniffoit des expreffions toujours nouvelles : un plaifir fecret d'agir de con-
cert & felon leurs propres penfées les aveugloit :
ils goûtoient l'un & l'autre , avec le fruit dé-
fendu , la pernicieufe douceur de contenter
leur efprit : les fens mêloient leur attrait à ce
nouveau charme : ils les fuivoient, ils s'y fou-
mettoient : . . . mais ils en deviennent les
captifs , eux qui peu auparavant en étoient les

maîtres. A l'inſtant tout change pour eux ; là
terre ne leur préſente plus qu'un aſyle triſte ;
le ciel n'a plus cet air ſerein ; le créateur qui
avoit tout fait pour leur bonheur , leur tourne
en un moment tout en ſupplice. Ils ſont con-
damnés à fournir une carriere ſemée de ronces
& d'épines ; à gemir au milieu des angoiſſes
les plus cruelles, des ſoucis les plus noirs, des
chagrins les plus dévorants ; & l'immortalité
leur eſt ôtée.

Il eſt impoſſible de concevoir un état plus
favorable que le leur , avant l'inobſervance du
précepte; la ſérénité étoit peinte ſur leur front;
la joie brilloit dans leurs yeux ; une douce ſa-
tisfaction s'emparoit ſans ceſſe de leur ame par
les ſentiments délicieux qu'ils éprouvoient dans
leur état d'innocence ; d'un œil reſpectueux &
attendri ils parcouroient les beautés que leur
offroit la nature : par-tout ils trouvoient cet
être bienfaiſant que leur cœur adoroit ; ils le
trouvoient dans toūs les objets qui fixoient leurs
regards ; par-tout ils voyoient des marques particulieres de ſa bonté & de ſa puiſſance ; par-
tout ils reconnoiſſoient ſa préſence ; ils le
voyoient dans l'aſtre brillant dont les rayons
fertiliſent la terre , dans le développement des
germes précieux qui la couvrent de biens, dans

lès couleurs riantes qui varient à chaque inſtant le ſpectacle touchant de la nature ; ils le
voyoient dans la multitude infinie d'animaux de
toute eſpeçe qui ſe réjouiſſoient de leur exiſ-
tence. . . . Pénétrés de reſpect, d'admiration , de reconnoiſſance & d'amour , leurs
penſées s'élançoient dans l'immenſité de toutes
les perfections poſſibles ; ils connoiſſoient Dieu ,
& toutes les vertus naiſſoient dans leur cœur ;
mais à peine ont-ils violé le précepte , qu'on
lit dans leur regard la triſteſſe , la confuſion &
la haine ; ils fuient la préſence de celui qui
avoit fait leur félicité , & ils entendent une
voix qui leur crie : Allez , mortels , aimez le
péché qui vous a perdus , même avant que vous
fuſſiez nés.

Ecoutons un moment le célebre Pope, ſur
l'élégante peinture qu'il nous fait des deux états
de l'homme dans le paradis terreſtre.

Peinture du premier état.

L'amour - propre régnoit, mais ſoumis & tranquille ;
Du bonheur naturel il étoit le mobile.
Avec les animaux l'homme d'intelligence ,
A l'ombre des forêts vivoit en aſſurance.
On ne le voyoit point enſanglanter ſa main
Pour défendre ſon corps du froid & de la faim.
La terre ſans travaux , ſans ſoin & ſans culture ,
Leur donnoit même lit & même nourriture.

Dégradation de cet état.

Mais, combien différent & de goûts & de mœurs,
L'homme dégénéra de fes premiers auteurs !
Aux cris de la nature il devint infenfible :
Le fang n'effraya plus fon courage inflexible.
Cruel aux animaux, injufte pour les fiens,
Avec fon innocence il perdit tous fes biens.
De ce luxe effréné l'affreufe tyrannie,
Par un jufte retour fut auffi-tôt punie.
La fievre, la douleur, une foule de maux,
Sortirent à l'envi du fang des animaux.
De ce fang étranger, la fougue impétueufe
Mit dans fes paffions une ardeur furieufe.

Etrange & déplorable calamité ! la chûte de nos premiers peres femble ouvrir la terre à tous les crimes ! Caïn, premier fils d'Adam & d'Eve, par la fombre jaloufie de voir que l'offrande de fon frere Abel eft plus agréable aux yeux du Seigneur que la fienne, conçoit le plus noir des attentats. Ce monftre, à qui l'on répugne de donner le nom d'homme, & pour le châtiment duquel on feroit même tenté d'ajouter aux feux éternels dans l'autre vie, plonge un poignard dans le fein du plus tendre frere. A la vue de fon crime, le fratri-cide recule épouvanté. Où fuir ? il va porter en tout lieu fon fupplice. Naïs, petite contrée de

l'Idumée dans la Paleſtine , eſt le ſeul endroit
où il puiſſe trouver un aſyle. Il y bàtit Enochée (1). Les courſes vagabondes qui rem.
pliſſoient les loiſirs qu'il ne pouvoit donner à
la débauche , les infames voluptés auxquelles
il ſe livra, & ſon crime qui apprètoit la divinité à la vengeance , ne demeurerent pas long-
temps impunis. Egaré un jour dans une forêt
qui eſt à quelque diſtance de Naïs , il eſt tué
par les mains de Lamech ſon petit-fils, qui
le prend pour une bête farouche ; ainſi le
meurtre d'un frere fut vengé par un parricide.

Adam & Eve , le cœur flétri à la vue de
tant de crimes , fermerent les yeux à la lumiere , après avoir paſſé une longue vieilleſſe
dans les chagrins les plus cuiſants , par le cruel
ſouvenir des forfaits de Caïn , toujours renaiſ-
ſants dans leur cœur. Adam mourut à Naïs ,
âgé de 930 ans , & Eve, dans la même contrée,
âgée de 140.

Jubal (fils de Lamech) à qui nous devons
l'invention des inſtruments à corde, tels que le
luth , le théorbe , la guitare , la harpe , &c.
& Tubal-Caïn ſon frere, qui inventa l'art de

_____

(1) Premiere ville qui ait exiſté , que Caïn appella
Enochée , du nom de ſon fils *Enoch.*

battre

battre & de forger le fer & l'airain , mouru‑
rent auſſi à Naïs , après une extrême vieil‑
leſſe.

On demandera peut‑être ici , pourquoi la
vie des premiers hommes étoit beaucoup plus
longue que la nôtre ; pourquoi ils vivoient
neuf cents , neuf cents trente & juſqu'à neuf
cents ſoixante & neuf ans ? Nous répondrons,
avec M. de Buffon, que les productions de la
terre dont ils faiſoient leur nourriture, étoient
alors d'une nature différente ; la ſurface du globe
étoit beaucoup moins ſolide & moins compacte
dans les premiers temps après la création, qu'elle
ne l'eſt aujourd'hui , parce que la gravité
n'agiſſant que depuis peu de temps , les ma‑
tieres terreſtres n'avoient pu acquérir en auſſi
peu d'années la conſiſtance & la ſolidité qu'elles
ont eues depuis ; les productions de la terré
devoient être analogues à cet état, la ſurface
de la terre étant moins compacte , moins ſé‑
che, tout ce qu'elle produiſoit devoit être plus
ductile , plus ſouple , plus ſuſceptible d'ex‑
tenſion ; il ſe pouvoit donc que l'accroiſſement
de toutes les productions de la nature, & même
celui du corps de l'homme ne ſe fît pas en
auſſi peu de temps qu'il ſe fait aujourd'hui :
les os , les muſcles , &c. conſervoient peut‑

Partie I.   D

être plus long-temps leur ductilité & leur molleſſe, parce que toutes les nourritures étoient elles-mêmes plus molles & plus ductiles ; dès-lors toutes les parties du corps n'arrivoient à leur développement entier qu'après un grand nombre d'années ; la génération ne pouvoit s'opérer par conféquent qu'après cet accroiſſe-ment pris en entier ou preſque en entier, c'eſt-à-dire, à cent vingt ou cent trente ans, & la durée de la vie étoit proportionnelle à celle du temps de l'accroiſſement, comme elle l'eſt encore aujourd'hui : car en fuppoſant que l'âge de ,puberté des premiers hommes, l'âge auquel ils commençoient à pouvoir engendrer, fût celui de cent trente ans ; l'âge auquel on peut engendrer aujourd'hui étant celui de qua-torze ans , il fe trouvera que. le nombre des années de la vie des premiers hommes & de ceux d'aujourd'hui, fera dans la même propor-tion, puiſqu'en multipliant chacun de ces deux nombres par le même nombre : par exemple, par *fept*, on verra que la vie des hommes d'au-jourd'hui étant de quatre-vingt-dix-huit ans , celle des hommes d'alors devoit être de neuf cents dix ans ; il fe peut donc que la durée de la vie de l'homme ait diminué peu-à-peu, à meſure que la ſurface de la terre a pris plus

de folidité par l'action continuelle de la pefan-
teur, & que les fiecles qui fe font écoulés depuis la création jufqu'à celui de David, ayant
fuffi pour faire prendre aux matieres terreftres
toute la folidité qu'elles peuvent acquérir par
la preffion de la gravité, la furface de la terre
foit depuis ce temps-là demeurée dans le
même état, qu'elle ait acquis alors toute la
confiftance qu'elle devoit avoir pour toujours,
& que tous les termes de l'accroiffement & de
fes productions aient été fixés auffi bien que
celui de la durée de la vie.

S'il y a aujourd'hui quelque différence tant
foi peu remarquable dans la durée de la vie,
il femble qu'on doit l'attribuer à la qualité de
l'air : on a obfervé que dans les pays élevés,
il fe trouve communément plus de vieillards
que dans les lieux bas. Les montagnes d'Ecoffe,
de Galles, de Suiffe, d'Auvergne, ont fourni
plus d'exemples de vieilleffes extrêmes, que les
plaines de Hollande, de Flandre, de Pologne
& d'Allemagne. Mais à prendre le genre
humain en général, il n'y a pour ainfi dire
aucune différence dans la durée de la vie ;
l'homme qui ne meurt pas de maladie acciden-
telle, vit par-tout quatre-vingt-dix ou cent ans :
nos ancêtres n'ont pas vécu davantage ; & de-

puis le fiecle de David, ce terme n'a point du
tout varié. Au reſte, après une carriere ordinaire, la mort eſt auſſi naturelle que la vie ;
il ne faut pas la craindre, ſi l'on a aſſez bien
vécu pour n'en pas redouter les ſuites. Mais
n'y auroit-il qu'elle ſeule qui pût arrêter les
excès du pécheur obſtiné ? Quelques foudres
vengereſſes ſont ſouvent d'autres mobiles ré-
ſervés à la divinité ; ſouvent auſſi, la divinité
trouve plus digne d'elle de faire ſervir ſes créatures d'inſtrument à ſa vengeance. Le déluge
univerſel (1), dont la mémoire ne ſera jaᴍᴀis
éteinte dans le cœur des hommes, eſt le tableau
le plus frappant de cette vérité.

Les hommes, malgré les ſages leçons de
Noë qui leur annonçoit, tous les jours, la punition que Dieu réſervoit à leurs crimes, con-
tinuoient de ſe livrer aux plus infames dé-
bauches. Le Créateur irrité, réſolut enfin la
perte de ſon ouvrage. Il appelle les eaux pour
ravager l'univers entier. A l'inſtant les rivieres
ſe débordent, la mer rompt ſes bornes, la

---

(1) Le déluge univerſel eſt fixé par les hiſtoriens,
l'an du monde 1656, deux mille trois cents quarante
huit ans avant la naiſſance de Jeſus-Chriſt.

terre ouvre fes entrailles, enfante des abymes d'eau & s'en couvre entiérement, ne voulant pas même fervir de fépulture au genre humain. Il feroit difficile de s'exprimer avec plus d'énergie. D'Alembert n'avoit que quatorze ans lorfque ce trait eft forti de fa plume.

Mais lifons fon tableau inimitable de l'ambition. Tous nos écrivains l'ont attribué à l'auteur du *Traité de l'amitié* ; ils fe font trompés ; c'eft un vol qui a été fait au géometre. Nous ne pouvons garantir cette affertion que par les *Mémoires Secrets* de Mad. de Tencin, qui nous ont été communiqués, & dans lefquels nous avons trouvé ce chef-d'œuvre de morale.

DE L'AMBITION.

L'AMBITIEUX fe croit l'homme le plus loin de la dépendance & de la fervitude , & il n'eft point d'homme auffi efclave que lui. Il afpire à dominer fur les autres ; & c'eft précifément ce qui le foumet à eux. . . . Peut-il nous paroître heureux, vu fur le trône même de fa puiffance, exerçant ce pouvoir dont il eft fi jaloux, diftribuant les honneurs & les graces à cette foule d'hommes avides, qui, les yeux tendus fur lui , lui ouvrent une bouche affamée , femblables à une famille de

jeunes oiſeaux qui s'agitent & crient après la
pâture ſuſpendue au bec de leur mere ? Il n'a
pas de quoi les aſſouvir tous : pour peu qu'il
ait d'humanité , qu'il doit être touché de ſe
voir environné de viſages pâles & deſſéchés par
l'ardeur du deſir , de malheureux dont les regards retracent leurs peines ſecretes , de cœurs
navrés , tremblants dans la crainte de ne rien
obtenir, déſeſpérés de n'avoir rien obtenu , &
qui , le quittant la rage dans le cœur , vont
troubler la paix de leurs familles & propager
les malheurs au-delà de ce qu'il en pourra connoître , & peut-être au-delà de ce qu'il en peut
concevoir ; ou s'il eſt aujourd'hui inſenſible à
des peines qu'il éprouva comme eux , c'eſt lui
qui mérite notre pitié ! . . . Ambitieux
héros tant célébrés , qui n'êtes connus que par
vos crimes , & que la cruauté ſeule a rendu
fameux, que le Tout-puiſſant a créés dans ſa
colere ; & qui n'êtes dans ſa main que le
fléau vengeur dont il ſe ſert pour punir ſes coupables créatures ! tigres altérés de ſang , vils
eſclaves de la paſſion la plus honteuſe, dont le
nom ne devroit être prononcé qu'en frémiſſant !
illuſtres aſſaſſins , brigands célebres , dont aucun
châtiment ne peut égaler l'énormité des crimes,
rentrez dans la pouſſiere où votre cruauté a

tenté de replonger notre globe ; que le néant
de vos grandeurs foit la feule idée qui nous
refte de vos victoires fanguinaires ; que le Léthé
enfeveliffe pour jamais fous fes ondes les traces
mêmes de vos barbares exploits , & efface du
fouvenir des hommes jufqu'au nom de conquérant l Cruelle ambition, paffion injufte ! fans
toi tous les habitants de la terre contents des
bienfaits que la nature, aidée du travail , leur
fournit , en jouiroient fans trouble & ne s'envie-
roient point réciproquement leur fuperflu : chacun cultiveroit le champ auprès duquel le hafard ou le choix le fait habiter ; la bonté du
terrein , la force ou l'induftrie du cultivateur ,
ne lui procureroient d'autre avantage que celui
d'être utile à fes voifins moins heureux ou moins
habiles que lui l Le fentiment dicté par la nature entre des êtres faits pour le foulager ,
fortifié par la reconnoiffance & par l'eftime due
aux talents, établiroit parmi les hommes une
concorde univerfelle. Le vol & les injuftices
feroient inconnues , parce que chaque individu
feroit fûr de ne jamais manquer du néceffaire ,
& fans nos paffions, nos defirs n'iroient pas
plus loin ; mais ces paffions & l'ambition fur-
tout les ont étendus au-delà même du poffible.

. . . .

« Le premier qui fut roi fut un foldat heureux, » nous dit M. de Voltaire. Difons
plutôt que ce fut le fléau de fes femblables,
le plus malheureux des mortels, homme inquiet, mécontent de lui-même, qui, déchiré
par une guerre inteftine, crut charmer fes maux
& appaifer la foif dont il étoit altéré, en por-
tant chez fes voifins le trouble & la difcorde
dont fon cœur étoit le trifte théâtre. . . .

. . . .

. . . .

. . . .

L'amour s'éteint par la jouiffance, ou faute
d'aliment : il n'en eft pas de même de l'ambition ; les fuccès, l'âge, le temps même def-
tructeur univerfel, ne fervent qu'à l'accroître ;
& la mort eft le feul terme qu'un ambitieux
met à fes projets.

Arrêtons-nous un moment, & confidérons
de fang-froid, s'il eft poffible, les effets prodi-
gieux d'une paffion dont le genre humain eft la
trifte victime. Non contente de fouiller la terre
de crimes & d'enfanglanter l'univers, elle cor-
rompt les cœurs & anéantit la vertu. Par elle
les hommes font avilis, & rampent fervilement
fous la puiffance d'un ufurpateur injufte, qui,

violant tous les droits de la nature , ne laiffe
aux malheureux qu'il a affervis , d'autre choix
que celui de la mort ou de l'efclavage. . .
La mort ! la mort n'eft rien ; nous ne naiffons
que pour nous y foumettre ; & le même inftant qui nous donna le jour, n'eft que le pré-
curfeur de celui qui doit nous le ravir. Nous
arracher la vie , n'eft donc qu'accélérer de quelques moments l'exécution d'un arrêt porté contre tout ce qui refpire ; c'eft fouvent même
nous fouftraire aux injuftices des méchants, à
la colomnie , à la trahifon , à l'inconftance de
ce qui nous eft cher , aux regrets de la perte
de ce que nous aimons , aux douleurs & aux
infirmités qui accompagnent la vieilleffe, au malheur de porter dans un corps débile , & qui
ne fait plus que végéter , des fens engourdis par
les glaces de la caducité , & dont les foibles
étincelles ne fervent qu'à nous faire regretter
leur vigueur ; à la honte bien fupérieure à tous
ces maux , de fe furvivre à foi - même. Mais
m'enlever ma liberté , m'ôter le feul bien réel
que j'ai reçu de la nature , m'obliger pour
conferver mes jours , ou pour les rendre moins
pénibles , de renoncer à la vertu, feul avantage
d'être envié , c'eft une tyrannie intolérable,
& qui furpaffe toutes les autres. L'ambition eft

contagieufe plus qu'aucune autre paffion, parce
qu'elle devient prefque indifpenfable , lorfque
des circonftances malheureufes nous ont rendus
dépendants d'un ufurpateur. L'efclavage & la
fervitude étant contre nature , tout être rai-
fonnable qui s'y trouve affujetti , doit défirer
d'en fortir , & faire tous fes efforts pour fe
mettre dans l'ordre établi par le Créateur. La
vertu feule & l'exercice de fes devoirs ne fuffifant pas pour le tirer de cet état d'aviliffe-
ment , fi la force lui manque pour fecouer
fans danger le joug qu'on lui impofe , il ne
lui refte que des moyens honteux à employer
pour captiver la faveur de l'injufte conquérant
qui l'a foumis. Il faut qu'il contraĉte l'habitude de tous les vices , s'il veut plaire à un
être méprifable , dont tout le mérite eft dans
la force, & qui n'a acquis d'empire fur les
autres hommes , que parce qu'il eft le plus
vicieux. Il faut qu'il ftatte fes paffions, qu'il
lui applaniffe les voies du crime , qu'il encenfe
fes foibleffes, qu'il devienne ambitieux & tyran
comme fon maître , bas courtifan enfin , & par
conféquent le plus vil de tous les hommes.

Les grands crimes fuppofent de la vertu ;
car il eft rare que les illuftres fcélérats ne foient
pas doués de courage & d'intrépidité dans les

dangers, de conſtance & de fermeté dans les revers ; mais ces vertus ſi eſtimables en elles-mêmes, quand le principe les anoblit, ne ſervent qu'à rendre plus criminel celui qui les avilit par le coupable uſage qu'il en fait.

Cromwel, ce fameux uſurpateur, l'étonne-ment de tous les ſiecles à venir, & la honte d'un peuple auſſi féroce qu'indomptable, qui enivré d'une liberté imaginaire, mais eſclave en effet des paſſions les plus odieuſes, reçut des fers qu'il avoit forgés lui-même, & rampa ſous la tyrannie de ſon prétendu libérateur, qui en fit le vil inſtrument du plus grand des crimes.

Olivier Cromwel, fils d'un marchand de Londres, naquit avec tous les talents, tous les vices & toutes les vertus. Il fit ſes études à Cambridge avec les plus grands ſuccès. Il s'appliqua particuliérement à la connoiſſance de l'hiſtoire & de la politique, étude plus con-forme que tout autre à ſon génie ambitieux, & négligea celle de la juriſprudence, la regar-dant comme une ſcience futile. Elle étoit inu-tile en effet à un homme qui devoit violer toutes les loix, & ne reconnoître que celles que lui dicteroit l'ambition la plus odieuſe & la plus effrénée. Il crut ſans doute trouver les

moyens de la fatisfaire en prenant le parti du
fervice ; car il n'eut point d'autre but toute fa
vie , & nul fentiment d'honneur n'entra jamais
dans fon ame. Mais ne pouvant probablement
fupporter le joug que cet état impofe, il lo
quitta bientôt. En effet , un efprit auffi altier
& auffi impérieux que le fien , devoit fouffrir
impatiemment toute efpece de difcipline. Libre alors , il embraffa l'état eccléfiaftique , dans
l'efpérance de s'élever par cetto voie. Il prit
dans cet état des connoiffances de théologie ,
& des idées de controverfe , qui contribuerent
dans la fuite à la faveur qu'il accorda aux pref-
bytériens , & même à l'établiffement de cette
fecte en Angleterre. Mais voyant qu'il ne pouvoit parvenir affez-tôt par cette route au gré de
fon impatience , fon efprit inquiet & turbulent
lui fit quitter un parti que les feules idées de
la fortune lui avoient fait prendre , & l'engagea
pour la feconde fois dans celui des armes. Il
alla fervir en Irlande fous les ordres du comte
Straffort. A fon retour il fut nommé membre
de la chambre des communes , au parti de laquelle il s'attacha contre Charles I. Ce malheureux prince étoit alors en guerre avec fes
fujets. Cromwel faifit cette occafion avec joie
pour fe révolter contre fon roi ; fa vanité &

son ambition furent flattées de faire trembler
son maître. Il s'arma contre lui, se jeta dans
la ville d'Urst qu'il assiégeoit, & traversa pour
s'y rendre, toute l'armée royale, accompagné
seulement de douze cavaliers. Il fit des prodiges de valeur dans cette expédition, sauva la
ville, & contraignit le roi à lever le siege.
Quelle ardeur les passions ne donnent-elles
pas, quand elles sont animées par l'espoir d'une
récompense accordée & méritée par le vice,
mais qu'on ne rougit pas d'accepter quand on
a secoué le joug de la vertu !

Les exploits & le courage de Cromwel lui
firent obtenir le titre de colonel après la dé-
livrance d'Urst. Ce nouveau grade enfla son orgueil, en lui donnant les plus flatteuses espé-
rances. Animé par ses succès, il fit les plus
grandes actions, sans craindre les périls auxs-
quels il s'exposoit sans ménagement ; car sa vie
fut plus d'une fois en danger dans le cours de
cette cruelle guerre, que l'infortuné Charles
eut à soutenir contre sa propre nation, & dont
il fut enfin la triste victime. Envoyé à Oxfort
& à Cambridge pour soumettre ces deux villes,
il y exerça la plus grande tyrannie, sans avoir
égard à la reconnoissance qu'il devoit à l'uni-
versité de Cambridge, dont il étoit docteur, &

où l'on avoit cultivé avec tant de foin les tà-
lents éminents qu'il avoit reçus de la nature,
dont il faifoit un fi criminel ufage. Mais quel
empire peut avoir la reconnoiffance fur un cœur
corrompu par le venin de l'ambition ! Sa cruauté
& fon ingratitude furent récompenfées par les
rebelles mêmes qu'il devoit bientôt fubjuguer ;
il fut fait lieutenant général ; il s'acquit dans
ce nouveau grade la plus haute réputation de
prudence & d'intrépidité. Plus il s'élevoit,
plus fa paffion prenoit d'empire fur lui & le
portoit à tout rifquer pour parvenir à fon but.
Quoique bleffé dangereufement dans un combat
où l'armée du parlement fut mife en déroute,
il ne voulut jamais fouffrir qu'on bandât fa plaie :
le temps étoit trop précieux à fon ambition
fougueufe, pour vouloir en facrifier la moindre
portion à la confervation même de fa vie : il
vole au Général, ranime fon courage abattu,
le force de revenir fur fes pas, ramene les
fuyards, les raffure, remet la confiance dans
les efprits, & donne le lendemain une feconde
bataille où l'armée du roi fut entiérement défaite. Enivré par ce fuccès, il ne met plus de
bornes à fes projets. Il entreprend d'enlever
ce monarque qui s'étoit fauvé à Nafeby après
la déroute de fes troupes : mais l'attachement

d'un des gens de ce malheureux prince , le
fauva du piege que fon cruel ennemi lui ten-
doit. Il mit lui-même le feu au château : la
confufion & le défordre inféparables d'un pareil événement , donnerent au roi le moyen
d'échapper au barbare qui le pourfuivoit. Cromwel enflammé de fureur de voir fon deffein
échoué , tailla en pieces les reftes de l'armée
royale échappés au carnage des révoltés ; &
l'infortuné Charles fut contraint, pour fe fauver,
de fe remettre entre les mains des Ecoffois.
Hélas ! c'étoit fe livrer à fes plus mortels ennemis ! car Cromwel, l'année fuivante, ayant
eu l'audace d'aller lui-même au parlement demander qu'on ôtat la fouveraineté au roi , ce
peuple perfide eut la lâcheté de le livrer aux
Anglois pour deux millions fterlings. C'eft alors
que Cromwel, ayant obtenu le grade de général par l'abdication de Fairfax, fe vit au comble
de la gloire , maître des troupes & de fon roi ,
& par conféquent en état de donner des loix
à fes concitoyens. Mais cet habile politique
fentit qu'il n'étoit pas temps encore d'arborer
l'étendard de la puiffance fouveraine , & que
pour s'affurer un pouvoir durable fur un peuple
auffi altier qu'inconftant , il ne devoit pas fe
preffer de jouir de fes forfaits , mais attendre

des circônflances encore plus favorables pour
ménager ces efprits remuants, & obtenir fur
eux un empire plus abfolu. Quelle profondeur
dans fes vues ! quelle adreffe & quelle prudence
pour les faire réuffir ! quelle intrépidité dans
les dangers ! . . . . . . Ah ! pourquoi
faut-il que les grands hommes aient à rougir
de partager avec un traître les qualités du héros
& les appanages de la vertu ? (penfée vraiment philofophique.)

Le parlement, après fes honteux fuccès ;
vouloit congédier l'armée qui lui devenoit inu-
tile, & le perfide Cromwel paroiffoit être du
même fentiment, tandis qu'il femoit fecrétement la révolte parmi les troupes & la divifion
dans Londres, par fes cabales, afin de fe rendre plus néceffaire. En effet, le parlement,
fentant le befoin qu'il avoit d'une armée pour
contenir le peuple mutiné, fut contraint de la
conferver & d'approuver même le choix que les
foldats avoient fait de Cromwel pour leur
généraliffime. Hamilton, fidele à fon roi, voulut
tenter de le tirer de la prifon où fes fujets le
tenoient renfermé par les indignes manœuvres
de Cromwel, & s'arma pour fa défenfe à la
tête du refte de la nation, que la contagion du
crime n'avoit pu corrompre. Mais l'ingratitude
des

des Anglois envers leur légitime fouverain, ne méritoit pas de clémence, & Dieu les punit dans fa colere, en les livrant au pouvoir de leur tyran , par l'entiere défaite d'Hamilton. Cromwel courut dans ce combat les plus grands rifques, car les royaliftes, qui en vouloient particuliérement à fa perfonne , firent tous leurs efforts pour le prendre mort ou vif. Mais la deftinée de l'Angleterre étoit d'être la proie du vice en punition de fes forfaits. Cromwel rentra triomphant dans Londres , & pour récompenfer fes barbares fervices ; on le chargea d'examiner les papiers qu'on avoit enlevés au malheureux Charles. Il avoit trop d'intérêt à la perte de ce prince pour ne pas chercher à le faire paroître coupable. Il donna à fes correfpondances & à fes projets les plus odieufes interprétations, & conclut qu'il s'étoit rendu indigne de porter la couronne. Cette horrible décifion ayant révolté plufieurs membres du parlement, auxquels il reftoit fans doute encore quelque étincelle de vertu , Cromwel apprit qu'ils cherchoient des voies d'accommodement avec le roi : il frémit à cette nouvelle, & craignant que fa proie ne lui échappât, après s'être oppofé fortement à toute efpece de réconciliation avec ce monarque , il le fit enlever

Partie I.   E

de Wight , où Charles s'étoit retiré , après
s'être fauvé d'Homby, où Cromwel le tenoit
renfermé. Le traître avoit favorifé fecrétement
cette évafion, afin d'avoir le prétexte de publier
dans la fuite que Charles ne prenoit la fuite
que pour perdre l'état, en le précipitant dans
une guerre plus cruelle encore que celles qu'il
avoit déja foutenues. Il le fit tranfporter de
château en château , de l'un defquels ce prince
infortuné penfa encore fe fauver ; mais fa malheureufe étoile ne le permit pas. Enfin il fut
transféré à Windfor : quand il y fut , Cromwel
ne garda plus aucun ménagement , & voyant
que le parlement ne fe prêtoit qu'avec répu-
gnance à faire le procès à fon fouverain , il
penfa le caffer de fa propre autorité ; mais fon
gendre l'en ayant empêché, il fit entrer l'armée dans Londres , & y fit conduire le roi.
Sûr alors de fon pouvoir , il fit mettre dans
les fers ceux qu'il croyoit contraires à fes coupables projets. La crainte fit prendre la fuite
aux autres , & il ne refta pour repréfenter ce
fier parlemenet d'Angleterre , que de vils &
criminels efclaves des volontés d'un fcélérat. Il
ne manquoit plus qu'un crime à Cromwel ,
c'étoit la feule barriere qui reftât entre le trône
& lui ; il la franchit fans remords , & ce fa-

crilége ambitieux parvint enfin à faire condamner fon maître à perdre la tête , & à périr
par les. mains d'un infame bourreau.

Cette image fanglante, qui fait frémir l'humanité , eſt le tableau le plus frappant des
excès horribles où l'ambition peut porter un
homme qui n'exifle que pour cette paffion féroce , & qui ne connoît de bonheur que celui
d'affervir fes femblables. Cromwel , s'étant dé-
livré par une mort ignominieufe du feul rival
qui pût lui difputer la fouveraineté , fe con-
duifit en maître plus ouvertement que jamais ,
fans que perfonne ofât réclamer contre fa tyrannie. Mais que pouvoit-on attendre d'un
peuple qui avoit eu la lâcheté de laiffer condamner fon prince légitime , & la cruauté de
le voir exécuter fans l'arracher au fupplice ?
Le nouveau tyran fit caffer la chambre haute ,
& permit feulement que les pairs puffent être
élus par les villes pour faire partie de la chambre des communes. Il fit enfuite changer de
face au gouvernement., abolit la monarchie ,
& établit à fa place un confeil d'état compofé
de fes bas courtifans , auquel il donna le titre
pompeux de *Protecteur du peuple* , *& de défenfeur
des loix.* Comme il craignoit cépendant encore
que la fermeté de plufieurs feigneurs qui étoient

demeurés fideles à Charles , & qui avoient
vainement combattu pour lui , ne rallumât dans
les cœurs quelques étincelles de vertu , & ne
le précipitât du faîte de la grandeur où fes
crimes l'avoient élevé , dans l'horreur des tour-
ments que fa trahifon méritoit ; il les fit déca-
piter , & fe délivra par un arrêt inique des
feuls vengeurs qui reflaffent à la déplorable famille de l'infortuné Charles , & de témoins
vertueux dont le nom feul devoit être pour lui
un reproche continuel de fes forfaits. Après ces
cruelles exécutions , il partit pour l'Irlande avec
le titre de Généraliffime , & défit ceux qui
avoient pris les armes pour Charles II. Il revint enfuite à Londres tout couvert de fes lau-
riers , caffa le parlement , réforma le confeil ,
dépouilla plufieurs confeillers de leurs charges ,
& en créa de nouveaux. Il établit auffi la liberté de confcience ; la religion catholique fut
la feule exceptée. . . . . . Charles II
fut rappellé par les Ecoffois ; il déclara la
guerre à Cromwel ; mais la malheureufe deftinée de Charles I , s'étendit jufqu'à fon fils , qui
fut défait dans un combat par la trahifon des
perfides Ecoffois , qui fe rendirent à la vue de
Cromwel. Ce barbare ufurpateur , auffi heureux
que coupable , revint encore triomphant dans

Londres., & en partit bientôt après pour aller
porter la guerre en Hollande. Le même bonheur, les mêmes fuccès l'y accompagnerent. Les
Anglois furent tellement éblouis de fon courage
& de fes talents, qu'à fon retour, le parlement
lui offrit la couronne ; mais il la refufa. Il
avoit trop de connoiffance des hommes pour ne
pas fentir qu'on les gouverne plus furement &
plus defpotiquement en paroiffant méprifer la
puiffance, ou en feignant de ne s'en pas croire
digne. Il fe contenta donc du titre *de protecteur*,
qui lui fut accordé. Mais l'efprit inconftant
des Anglois ne leur permit pas de conferver
long - temps leur enthoufiafme infenfé pour
Cromwel. Il apprit que ce même parlement
qui l'avoit voulu couronner, penfoit à lui ôter
le titre de protecteur. Cet ufurpateur, que la
fermeté & la hardieffe avoient élevé au comble
de la gloire, entra dans la chambre des communes, & dit avec fierté : « Meffieurs, j'ai
» appris que vous étiez réfolus de m'ôter les
» lettres de protecteur ; les voilà, *ajouta-t-il* ,
» en les jetant fur la table : je ferai bien aife
» de voir s'il fe trouvera quelqu'un parmi vous
» d'affez hardi pour les prendre. » Enfuite il
les menaça de fon indignation, exigea d'eux le
ferment de fidélité, qu'aucun n'ofa lui refufer,

par la crainte que son audace venoit de leur inspirer ; les renvoya & cassa le parlement. Cet acte de vigueur fit perdre à tous les esprits le peu de ressort qui leur restoit ; chacun rampa sous le joug , & Cromwel jouit paisiblement jusqu'à sa mort du fruit de ses crimes.

LETTRES

DE M. D'ALEMBERT,

ET SES MÊLANGES POLITIQES (1).

M. d'Alembert étoit doué par excellence de cet efprit obfervateur qui ne néglige aucune face des objets. Son imagination vive & féconde faififfoit rapidement toutes les nuances, & une érudition auffi vafte que bien digérée, étoit toujours prête à le feconder. A une heureufe habitude de réfléchir, il joignoit le talent de donner à fes idées une tournure faififfante , & d'embellir, par la vivacité du ftyle, le fruit de fes profondes méditations.

Ses lettres & fes mélanges politiques refpirent tour-à-tour ces différents caracteres.

---

(1) Je donne ces mélanges tels que je les ai trouvés dans le porte-feuille de Mad. de Tencin. Ils font tous marqués au coin d'une raifon lumineufe & d'un efprit éclairé.

LETTRE

De M. D'Alembert à M. de Voltaire.

Paris, ce 1 mars 1744.

Monsieur,

Serez-vous donc toujours l'adulateur du vice ? suivez plutôt la fougue de votre imagination impétueuse. Comment votre plume a-t-elle pu s'abaisser à louer un magistrat (1) qui s'est rendu coupable de plus de crimes qu'il n'a prononcé d'arrêts ? Vous ignoriez sans doute ses expéditions sanglantes à Mérindol & à Cabrieres contre les Vaudois. S'il vous souvenoit

(1) Le baron d'Oppede, président au parlement d'Aix sous Louis XII, ennemi juré des Vaudois, & qui avoit porté dans toutes leurs habitations la terreur & la mort. Cet homme cruel brûloit les maisons de ces malheureux, violoit leurs filles & leurs femmes, & renouvelloit au sein de la paix toutes les horreurs de la guerre.

qu'à peine entré dans cette derniere ville, il
fit conduire dans un pré les soixante hommes
qui la défendoient & les fit tous égorger par
ses soldats ; que les femmes qui chercherent
alors un afyle dans les églifes furent violées juf-
ques fur les marches de l'autel , & que celles
dont l'âge & la laideur étoient un frein contre
la licence, furent renfermées & brûlées dans une
grange pleine de paille ; s'il vous souvenoit que
vingt-deux autres villages partagerent le fort de
Cabrieres , & que cette horrible perfécution
coûta la vie au moins à quatre mille perfonnes,
& que l'élite de la jeuneffe Vaudoife , au
nombre de fept cents, fut réfervée à l'opprobre
le plus honteux (1), vous abandonneriez bientôt votre langage cynique & révoltant , pour
vous élever contre les emportements de la plus
criminelle des perféçutions. Adieu , Monfieur,
ma plume va vous paroître un peu hardie ;
mais je ne puis fermer la bouche à la vérité.

D'ALEMBERT.

_____

(1) Elle fut réfervée aux galeres.

RÉPONSE

De M. de Voltaire à M. D'Alembert.

Paris , ce 9 mars 1744.

Monsieur,

Ma plume, il est vrai, n'auroit jamais dû s'abaisser à embellir le langage du vice ; elle auroit dû au contraire prononcer hautement contre le plus cruel fanatique que la France ait renfermé dans son sein. Excusez ma foiblesse & la petitesse de mes passions. . . . Les bévues de l'ignorance sont assez l'appanage d'un homme qui veut tout embrasser (1).

VOLTAIRE.

---

(1) Cette lettre peut être regardée comme le repentir le plus sincere de l'erreur ; elle joint aux protestations de zele pour la vérité les sentiments les plus nobles, & la philosophie la plus éclairée. . . .

LETTRE

De M. D'ALEMBERT au Roi de Prusse.

SIRE,

VOTRE bienfaisance éclairée procure sans cesse aux lettres par ses largesses ce qu'elle voudroit leur procurer par ses travaux. Je pleure tous les jours ; les soins du gouvernement vous raviffent les plus doux loisirs : votre majesté prouveroit aux hommes que les lettres les rendent plus sociables: leur charme fut ignoré des Attilla, des Gengis, de cette foule de barbares qui, plus destructeurs que le conquérant macédonien, n'ont pas été comme lui fondateur & réparateur : loin de leur imputer les maux qu'Alexandre, Charlemagne & leurs semblables ont fait à la terre, il est à croire que par les heureuses distractions & les tempéraments salutaires qu'elles donnerent à l'insatiable ambition, ou plutôt à à l'avide fureur de ces conquérants, elles ont préservé l'humanité de bien des malheurs qu'ils auroient pu ajouter à tant d'autres qu'ils avoient

déja caufés. . . Héros fatigué de vos triomphcs
& accablé de votre gloire, revenez à des loifirs
fi doux. Eft - il un délaffement plus noble &
plus agréable que celui qui eft offert par l'étude ?
Les Trajan, les Marc-Aurele, les Titus en
ont toujours fait leurs plus cheres délices.

Je ferai toute ma vie avec le plus profond ref-
peét & la plus vive reconnoiffance, &c.

LETTRE

*De M. D'ALEMBERT à Mad. de St. AND**,*
Religieufe de Mont-Fleuri.

MADAME,

ON vous a impofé des devoirs aufteres, lorfque vous avez embraffé la vie monaftique; mais
cette même auftérité n'eft - elle pas rachetée par
la paix & la tranquillité de l'ame dont vous
pouvez jouir plus aifément que dans le monde ?
Un jeune époux preffe dans fes bras avec confiance & fans alarmes une époufe adorée; il eft
au comble de la félicité.... O malheur ! il l'ob-
tient, il la perd en un jour, & fa mort laiffe

dans son cœur déchiré des regrets éternels. Tendre mere, qui contemple aujourd'hui dans une douce extase le fruit de tes longues douleurs, demain peut-être tu le verras passer du berceau dans la tombe. Voyez ce pere affoibli par les ans suivre tristement sa jeune fille, le seul plaisir de ses yeux, le seul appui de sa vieillesse, à ce tombeau qu'il implore en vain pour lui-même.... Hélas ! Madame, ceux qui nous consolent de la vie, en font aussi les peines !

Je suis avec le plus profond respect, &c.

RÉPONSE

*De Mad. de St. AND** à M. D'ALEMBERT.*

MONSIEUR,

VOUS parlez comme un ange ; mais vous ne pensez pas en homme. Les tendres affections ne se sont donc jamais éveillées dans votre cœur ! n'est-ce pas un tourment continuel d'être forcé de résister sans cesse aux impressions de la nature, qui est le plus puissant adversaire qu'on puiffe nous oppofer ? Entretenir des fentiments fans les fatisfaire, pourroit-on inventer de plus affreux fupplices ? Ce tourment eft fi affreux qu'il a donné aux difciples de Platon l'idée de l'enfer. Qu'il eft cruel, Monfieur, de ne fentir autour de foi perfonne à qui l'on puiffe fouhaiter du fond du cœur tout le bien qu'on veut à foi-même, perfonne à qui l'on prenne un tendre intérêt ! L'état d'une femme ainfi ifolée n'eft-il pas un état déplorable ? Adieu, Monfieur. L'amour maternel impofe le plus grand des devoirs ; mais il eft auffi le plus grand bonheur de la vie.

Je fuis avec le plus fincere attachement,

Votre très-humble & très-obéiffante fervante,

Sœur de St. AND **.

LETTRE

De M. D'Alembert au Pere Rey, Jésuite, Aumônier des prisonniers de Grenoble.

Mon Révérend Pere,

Que je suis touché des soins généreux que vous donnez à ces victimes infortunées ! Quelle douce jouissance pour une ame aussi noble, aussi sensible que la vôtre, dont les qualités précieuses demeurent trop long-temps cachées sous le voile de la modestie ! pardonnez si j'ose en reveler le secret : lorsque l'éloge est une justice, il ne blesse ni celui qui le donne, ni celui à qui on l'adresse. Vous seriez bien aimable s'il vous prenoit fantaisie de venir passer quelques jours à Bouquéron. Je tâcherois de ravir à votre ame ces étaux de cadavres défigurés que nous voyons toujours à nos portes, & dont se rit le scélérat fataliste. Adieu, Mon Révérend Pere.

Je suis bien sincérement,

Votre très-humble & très-obéissant serviteur,

D'Alembert.

LETTRE

De M. D'ALEMBERT à Mlle. de L'Ol ***, *pensionnaire du couvent de Mont-Fleuri.*

MADEMOISELLE,

LORSQU'ON vous parle d'amour, vous plaisantez sans cesse, & avec ce Dieu vous voulez qu'on badine. Petite friponne ! m'avoir tendu les pieges les plus adroits ; m'ouvrir les portes de votre jardin délicieux, & les fermer aussi - tôt pour me laisser l'horreur de la nuit la plus cruelle ! Grand Dieu ! que de gens en vous faisant des protestations d'une amitié désintéressée vous prennent pour une imbécille, & n'ont d'autre but que de vous voler votre affection, & le fruit qu'ils s'en promettent. . . . . . Ah ! l'honnête homme est perdu, s'il juge toujours des autres par son cœur ! L'amitié n'est qu'un nom ! la haine seule est sincere !

RÉPONSE

RÉPONSE

De Mlle. de Dot. *** *à M.* D'ALEMBERT.

MONSIEUR,

EN vérité, une légere affliction vous tourné le cerveau ! oh ! pour cette fois, je n'aurois jamais cru que celui de Jean le Rond eût été auffi peu folide ! Demain matin, vous recevrez de l'ellébore pour le purger. Vous êtes bien fou de me croire entiérement occupée de vous. Je vous refpecte, & vous eftime, mais je ne faurois vous aimer. Se faire ouvrir les portes d'un jardin, pour fe promettre une aventure galante, c'eft bien là la conduite d'un novice ! Allez, Monfieur, allez vous faire feffer au temple d'Eleufine : là on vous mettra au nombre des initiés, & vous y ferez certainement fêté plus qu'aucun autre. A des procédés auffi flatteurs, vous pourrez vous livrer fans réferve..... *Grand Dieu ! que de gens en vous faifant des proteftations d'une amitié défintéreffée vous prennent pour un imbécille, & n'ont d'autre but que de vous voler votre affection & le fruit*

Partie I.   F.

qu'ils s'en promettent ! Grand Dieu ! que les gens d'efprit font fots quelquefois ! Adieu, Monfieur.

Je ferai toujours avec le même fourire de l'affection,

> Vo..e très - humble & très-obéiffante fervante ,

> DE DOL*** , penfionnaire du couvent de Mont-Fleuri.

LETTRE

*De M. D'ALEMBERT à Mad. de P ***;*
Prieure du couvent de Mont-Fleuri

MADAME,

QU'IL eft digne d'envie le féjour que votre monaftere préfente à une ame bien née ! Loin du tumulte des cours , tous vos jours font filés de foie ! Que vous êtes heureufe ! Cette paffion qui fait tous les malheurs de la vie, l'amour, vous avez fu le bannir de votre cœur ; mon ame qu'il obfede n'eft plus aujourd'hui qu'un mélange hideux de ténebres , de précipices , de tempêtes, de ruines , de tombeaux & de fan-

tômes effrayants. Quelquefois, Madame, lorſ-
que j'éprouve ce délire effréné, à peine ſuis-je
en état de rendre ce que je ſens. Tantôt enivré
de mon bonheur, & tantôt tranſporté de rage ou
plongé dans un déſeſpoir ſtupide, je ne connois
de cette paſſion terrible que les mouvements
dont je ſuis agité, & ne vois dans l'objet que
j'aime que les agréments qui alimentent ſans
ceſſe le feu qui me dévore.....Madame, celui
qui n'a jamais ſenti l'amour, n'a jamais ſenti
de peines.

Je ſuis avec le plus profond reſpect,

Votre très - humble & très
obéiſſant ſerviteur,

D'ALEMBERT.

RÉPONSE

De Mad. de P*** à M. D'ALEMBERT.

MONSIEUR,

LA paſſion qui fait aujourd'hui toutes vos
peines fera un jour les délices de votre ame noble & ſenſible. Ce ne ſont que les erreurs mo-
mentanées de votre imagination qui vous la rendent redoutable. Votre eſprit éclairé & votre

raifon lumineufe vous empêcheront de la déifier.
Vous n'êtes point au nombre de ces hommes
qui, pour la rendre indomptable, mettent en ufage
tout ce que l'art peut inventer pour augmenter
fon pouvoir ; les feux dont ils brûlent ne doivent
leur exiftence qu'à la volupté factice dont ils
font enivrés. La nature bienfaifante leur accorde
des plaifirs toujours purs : en voulant embellir
fes dons, ils défigurent fes traits ; & ce qui
n'étoit fait que pour leur bonheur, eft devenu
par leurs foins le poifon le plus dangereux.....
Reprenez, Monfieur, cette férénité que je vois
ordinairement peinte fur votre front ; vous pof-
féderez dans peu l'objet de votre amour ; nous
ne penfons point à engager les parents de mademoifelle de P** (1) à la vouer à la vie monaftique ; elle reffemble trop à fa mere, pour la
fouftraire à l'état qui promet le plus de bonheur.... Ceffez de me faire un mérite de la
tranquillité d'ame dont je jouis ; je ne fentis jamais vivement les feux de l'amour. Adieu ,
Monfieur.

Je fuis bien fincérement ;

Votre très – humble & très-
obéiffante fervante ,
Sœur de P**.

_____

(1) On l'avoit promife en mariage à M. d'Alembert.

RÉPONSE

De M. D'ALEMBERT.

MADAME,

DANS quelle ivreſſe inexprimable vous venez de plonger mon ame ! avec quel tranſport je preſſerai dans mes bras cette amante chérie ! Rien n'éteindra jamais les feux que je reſpire & la douce amitié que je lui réſerve. Rien ne ſera comparable à un état qui offre à la fois les plaiſirs des ſens , ceux de la raiſon, & raſſemble tous les agréments de la vie. Je vous dirai toute ma vie , Madame, ce que le divin Pline répétoit ſans ceſſe à la tante de ſon épouſe : « *Nous* » *vous remercions , moi de ce qu'elle eſt ma femme,* » *elle de ce que je ſuis ſon mari , tous deux de ce* » *vous avez uni deux perſonnes faites l'une pour* » *l'autre* (1). »

Je ſuis avec le plus profond reſpect,

MADAME,

Votre très - humble & trèsobéiſſant ſerviteur ,

D'ALEMBERT,

Au château de Bouquéron , ce 1 avril 1732.

___

(1) M. d'Alembert n'eut pas le bonheur de contracter cet hymen. Il devoit épouſer Mlle. de P. ** le 20 avril 1732. Une mort ſubite l'enleva à ſes parents & à l'amant le plus tendre , la veille de ſon mariage.

LETTRE

De M. D'ALEMBERT au premier Inquiſiteur (1) de Madrid.

MON RÉVÉREND PERE,

LES fureurs des plus noires perſécutions ſont donc maintenant de votre caractere ? Je n'aurois jamais cru qu'un agneau devînt un jour un tigre altéré de ſang. Miniſtre infame ! c'eſt le ſeul nom que vous méritez ' Que la France ne vous revoie jamais dans ſon ſein ! Exercez , exercez ſans remords vos lâches cruautés ; elles ne peuvent être que l'appanage d'une ame auſſi perfide que la vôtre. Si votre colere eſt moins deſtructive encore , c'eſt que votre pouvoir n'eſt point auſſi étendu que celui du prince fanatique ſous lequel vous vivez ; c'eſt qu'elle ne peut point ſe donner carriere & ſe déployer comme la

---

(1) Dom Rovila ou Robilard , échappé du ſein d'une famille honnête de Grenoble pour aller remplir en Eſpagne le plus affreux des miniſtores.

fienne dans l'enceinte de fa puiffance. Rendez
hommage à la vérité : combien de fois votre colere ronge-t-elle dans la journée les barrieres.
qui l'enferment & la captivent ?... Mais combien de fois auffi elle fe déchire & fe dévore
elle-même! Lâche miniftre! miniftre infame!
je ne faurois trop le répéter : marchez, marchez
entre le mépris & l'horreur : les coups que vous.
portez retourneront fur vous & vous frapperont.
avec plus de violence encore.

LÂCHE RÉPONSE

De l'Inquifiteur à M. D'ALEMBERT.

MONSIEUR,

EST-CE un crime que d'exécuter lés volóntés
de fon roi ? Dieu l'a dit : obéiffez même aux
tyrans ; c'eft la loi que je vous impofe. Si j'ai
pris un cœur infenfible; fi je me fuis fait de la
multitude des coupables une apologie pour les
plus noirs forfaits; fi je tremble devant les regards d'un fanatique à qui je fuis obligé d'obéir
aveuglément : dois-je exercer le moindre repentir pour les crimes qu'il me fait commettre ?

RÉPONSE

De M. D'ALEMBERT,

MON RÉVÉREND PERE,

QUEL moment défaſtreux pour vous ! le Créateur laſſé de votre réſiſtance, retire enfin ſa
main, & vous livre à vous-même. Malheureux !
briſez vos liens ; un crime menę à un autre
crime : ceſſez, ceſſez de vous livrer à une cruelle
démence, & de vous applaudir de la liberté
que vous accorde un fanatique.! Inſenſé ! vous
ne ſentez pas le danger de cette fatale indépendance ! Fuyez, fuyez cette funeſte cour. Dites-
vous à vous-même : où eſt donc cette ſenſibilité,
cette tendreſſe de mon jeune cœur ? Hélas !
elle m'abandonne aujourd'hui. Grand Dieu !
frappe, briſe ce cœur dur ; prends pitié de
moi ; ſauve - moi de ma fureur : ſi je ſuis
coupable, tu ſais pardonner : n'as - tu pas toujours pour moi les entrailles d'un pere ? ne
ſuis - je pas ton fils ? ne ſuis - je pas l'ouvrage
de tes mains ? Ne le dédaigne pas ; ne le détruis

pas : la vengeance t'eſt pénible . . . . mais plutôt
fais pleuvoir autour de moi les traits de ta vengeance. Combien de crimes j'ai voulu ! combien
de fois j'ai étouffé ton ſouvenir dans mon cœur !
combien de fois j'ai foulé ſous mes pieds ta loi
ſacrée ! Grand Dieu ! tu le ſais . . . . & je vis
encore ! Tu l'as vu , & tu es reſté paiſible ; ton
bras impatient s'étendoit pour me frapper , &
tu l'as retenu ! Lance aujourd'hui ſur l'être le
plus vil & le plus mépriſable toutes tes foudres
vengereſſes (1).

D'ALEMBERT.

---

(1) Le moine fut inſenſible à cette lettre. Il vécut
dans le crime juſqu'à l'âge de quatre - vingts ans , après
avoir fait mourir cruellement dans les noirs cachots de
l'inquiſition plus de deux mille étrangers.

LETTRE

De M. D'ALEMBERT à Mad. de TRI***.

MADAME,

QUE votre modeſtie tient de vertus dans l'ombre ! tant il eſt vrai de dire que la gloire des
femmes eſt de faire peu parler d'elles ! Bien dif-

férentes des hommes, qui jouent à visage découvert tous les rôles que les passions leur distribuent sur le grand théâtre du monde, elles ne paroissent sur la scene que lorsque des circonstances particulieres les y amenent, & alors on les voit briller & remplir les plus grands rôles avec autant de dignité que les hommes les plus renommés. Et quel est en effet le genre de mérite, Madame, par lequel les femmes ne se soient pas distinguées ? Les belles-lettres réclament comme leur ornement un grand nombre d'entre elles, dont elles ont consacré le nom à l'immortalité. La premiere couronne académique n'a-t-elle pas été décernée à Mlle. Scudery ? N'avons-nous pas vu briller dès le neuvieme siecle une Dodane, duchesse de Septimanie ? Les noms de Gournay, Desroches, Barbier, le Marchand, Saintonge, Daunoy, la Suze, de Murat, la Sabliere, Lambert, Villedieu, Dacier, Deshoulieres, Sévigné, &c. peuvent bien figurer avec les plus illustes des nôtres. Il n'est qu'un méchant qui puisse dire que les femmes ont dégénéré. Les plus hautes places n'ont-elles pas été remplies par les femmes ? On a vu la comtesse de Gœsbriand s'acquitter d'une ambassade extraordinaire avec toute la grandeur qu'exige un tel caractere. Les plus grandes affaires même ne font point au deffus de certaines femmes ; les Pulchérie , les Sophie , les Athénaïs , les Amalafonte , les Irene , les Marguerite Valdemar , les Blanche de Caftille , & nombre d'autres princeffes ont poffédé la fcience du gouvernement au plus haut degré ; & Catherine de Foix, femme de Jean d'Albret , roi de Navarre, fentoit bien fa fupériorité, lorfqu'elle difoit à fon mari dépoffédé par Ferdinand : « Dom Jean , » fi nous étions nés , vous Catherine, & moi » Jean , nous n'aurions jamais perdu la Navarre. » Parmi les éloges que vous recevez tous les jours , Madame, il n'en eft point de plus pur & de plus fincere que le mien ; & je le dirai toute ma vie : votre vertu aime autant à fe cacher que nos vices aiment à paroître.

Je fuis avec le plus profond refpect ,

MADAME ,

Votre très-humble & très-obéiffant ferviteur

D'ALEMBERT.

Bouquéron , ce 18 juin 1743.

RÉPONSE

De Mad. de TRI***, à M. D'ALEMBERT.

MONSIEUR,

VOUS faites l'apologie de toutes nos vertus, & vous taifez tous nos vices. Vous ne me dites rien du triomphe de la pudeur qui n'eſt pas toujours le dernier facrifice que nous ayons à faire. L'abfence de cette vertu fait difparoître toutes les autres, qui font fes compagnes inféparables. Monfieur, lorfqu'une fois nous avons renoncé à cette retenue qui eſt le premier mérite de notre fexe, il n'eſt point d'excès dont nous ne devenions capables. Une femme fans pudeur troublera un état comme une fociété particuliere. Ce furent des femmes de ce caractere qui attiferent les feux de la fronde ; & la France fe reſſouvient encore avec douleur des honteufes intrigues & des attentats d'une Ifabelle de Baviere. . . . .
. . . .
. . . .

Devrions - nous ofer déclamer contre la fauſſeté

& la noirceur des hommes ! N'eſt-ce pas à
nous-mêmes que nous devons imputer les pieges
qu'ils nous tendent ! Il eſt ſans doute des
hommes faux & trompeurs que la vanité attache à la ſuite des femmes ; mais il n'eſt pas
difficile de les reconnoître ; les viles adorations
& les complaiſances outrées par leſquelles ils
cherchent à plaire, ſuffiſent pour les rendre ſuſ-
pects, & nous porter à nous méfier de leurs
hommages. Monſieur, ſi notre ſexe brille de
quelques vertus, il a bien des défauts; & notre
foibleſſe que nous attribuons à notre ſenſibilité,
eſt digne de toute notre pitié.

Je ſuis bien ſincérement,

MONSIEUR,

   Votre très-humble & très-
   obéiſſante ſervante,
   DE TRI***.

   Grenoble, ce 21 juin 1743.

RÉPONSE

De M. D'ALEMBERT à Mad. de TRI ***,

MADAME,

VOUS outrez les caracteres. On ne voit qu'un très - petit nombre de femmes se dépouiller d'une modestie qui semble née avec elles : ce n'est même que par des chûtes répétées que quelques - unes viennent à bout de détruire en elles ce précieux instinct. Celles - là, Madame, ne méritent plus d'être comptées parmi le sexe ; elles en ont abjuré toutes les vertus, & disputent d'impudence avec les plus effrontés du nôtre.

Je suis avec le plus profond respect,

MADAME,

Votre très - humble & très-
obéissant serviteur
D'ALEMBERT.

Bouquéron , ce 24 juin 1743.

LETTRE

De M. D'ALEMBERT à Mad. la Marquise de CHATEL***.

MADAME,

LE premier mouvement que nous fentons pour une perfonne vertueufe, fait que nous lui fouhaitons du bien ; mais fon impreffion n'eft pas encore affez forte pour nous faire partager fes maux ; & il faut prefque toujours deux paffions pour nous convaincre d'un tendre amour', la joie de voir l'objet aimé, & la douleur de ne le voir plus. Mais l'amitié d'un jeune fat, faux bel efprit, eft auffi foible que le rofeau ; il ne peut eftimer perfonne, parce qu'il croit devoir à fon propre mérite tout l'encens de fon efprit : c'eft la cruelle alternative dans laquelle je me trouve aujourd'hui. M. le marquis d'A** m'accorde la fienne ; mais il m'en fait trop fentir le prix. Il eft toujours prêt à abufer du mauvais état de ma fortune & des connoiffances littéraires qu'il me voit acquérir. Cette perfuafion ne produit en lui que de fecretes jaloufies

& d'inutiles confufions. Toutes les preuves
d'amitié qu'il me donne ne tendent qu'à trouver dans ma tendreffe la dupe de fa vanité.
Madame, il eft bien malheureux d'être forcé
d'invoquer une ame étroite & pufillanime. Oui,
déformais quand je demanderai un ami, je veux
un homme dont la vie me devienne fi chere,
que je fois toujours prêt d'expofer la mienne
pour la conferver généreufement ; je veux un
homme dont l'exil me banniffe auffi bien que
lui, qui puiffe difpofer de moi comme d'un
bien qui lui eft propre, qui faffe avec moi
communauté de fortune auffi bien que de fentiment, & qui croie m'obliger extrèmement lorfqu'il me fera partager les difgraces de fa faute
ou de fon malheur : à ces titres feuls je veux
un ami, ou je préfere mener la vie du plus
fimple anachorete.

Je fuis avec le plus profond refpect ,

MADAME,

Votre très - humble & très-
obéiffant ferviteur
D'ALEMBERT.

Bouquéron, ce 3 juillet 1743.

RÉPONSE

RÉPONSE

De Mad. la Marquife de Chat *** *à* M. d'Alembert.

Monsieur,

Il eft bien fàcheux pour vous qu'une tendre liaifon vous uniffe à un petit-maître ! . . .
. . . .
. . . .

L'équité de l'efprit eft un des plus folides fondements que la belle union puiffe avoir ; c'eft ce qui rend les jeunes gens incapables de fe lier ; ils ont d'ordinaire des paffions qui rompent toutes les mefures de l'amitié ; & n'ayant felon leur différent caractère qu'une fineffe mal réglée ou un véritable emportement, ils craignent les confeils d'un ami qui voudroit combattre leur caprice & fe piqueroit de fincérité. Ce qui éloigne le jeune marquis d'A*** de la belle & folide amitié, c'eft qu'il eft ennemi de la feule idée de la vertu. Ce nom lui donne autant d'horreur qu'il eft flatté par fon contraire ;

Partie I.   G

& ne prenant fa féverité que pour un appanage
du retour, il croit fe faire tort d'être fage &
de donner moins aux fens qu'à la raifon. Fuyez,
Monfieur, fuyez ce jeune fat; il pourroit même
vous engager dans fes paffions criminelles : s'il
vous en demande votre confeil, c'eft comme
d'une chofe réfolue pour être applaudi, & non
pas pour être éclairé. Voilà la bafe de fon caractere. Il ne veut pas concevoir qu'on ne le
puiffe mieux obliger qu'en ne flattant pas fes in-
clinations, & ne pouvant féduire fes amis par
ces foibles amufements dont il a été féduit
lui-même; il aime mieux conferver par caprice le déréglement de fes paffions, que de
renoncer par tendreffe à la liberté de faillir. Que
de prudence il vous faudra pour éviter tous ces
écueils !

Je fuis avec la plus vive fincérité,

MONSIEUR,

> Votre très - humble & très-
> obéiffante fervante
> DE CHAT***.

> Grenoble, ce 6 juillet 1743.

LETTRE

De M. D'ALEMBERT au Marquis de P***.

MONSIEUR,

VOTRE parallele de l'amour & de l'amitié eft frappant (1) : vous voudrez bien qu'à mon tour je faffe quelques réflexions que je defirerois être auffi juftes que les vôtres. . . . . .

. . . .

Monfieur, l'amour étant fondé fur le defir de fa propre joie, & l'amitié n'ayant pour objet que le plaifir de ce qu'on aime, l'on voit aux amants & aux amis dans les viciffitudes de la fortune des ménagements bien oppofés. L'amant qui veut forcer le cœur de fa maîtreffe à expli- quer fes fentiments ou à les peindre fur fon vi- fage, lui donne avis de tous fes malheurs, & par la part qu'il luî voit prendre dans fes dif- graces, il croit reconnoître aifément qu'elle en a pris dans fon amour. Ainfi l'épanchement qu'il lui en fait, réfléchit toujours fur lui-même, & cela fe peut bien moins appeller confidence que

---

(1) M. de P** l'avoit envoyé à M. d'Alembert quel- ques jours avant fa mort.

G 2

l'art de découvrir un fecret ; il cache au contraire avec foin toute la profpérité de fes affaires, de peur qu'on ne donne à fon bonheur ce qu'il veut devoir à fon mérite ; & quand la perfonne qu'il aimeroit ne feroit pas intéreffée, la crainte qu'il auroit de prendre le change dans les paffions de fon cœur , corromproit toute la douceur des avances , & fortifieroit beaucoup plus fes foup-çons que les faveurs les plus honnêtes & les plus défintéreffées ne pourroient charmer fon amour. La conduite d'un vrai ami doit être toute dif-férente ; il doit avec empreffement communi-quer à fon ami tous les fujets qu'il a de joie , & trouver beaucoup plus de plaifir dans le partage qu'il en fera , que dans la réferve qu'il en auroit faite s'il avoit manqué de liaifon. Lorfqu'au contraire il eft mal-traité des caprices de la fortune , il doit ménager un épanchement qui feroit beaucoup plus d'im-preffion fur le cœur d'un fidele ami , que le malheur le plus cruel n'en eût pu faire fur le fien.

Je fuis avec le plus profond refpect,

MONSIEUR,

Votre très - humble & très-
obéiffant ferviteur
D'ALEMBERT.

ENVOI

AU ROI DE PRUSSE.

SIRE,

TOUTES les paffions rendent injufte, même le zele pour la juftice quand il eft inexorable. La clémence, cette mere des vertus, quand elle n'eft pas innée dans un monarque, doit toujours être au moins une politique dont il faut qu'il fe ferve pour gagner l'affection des peuples. . . . .
. . . .

A force de vouloir tout découvrir & tout punir, on convertit les fimples foupçons en peuve, & l'on fe met en danger de punir l'innocent. Auffi VOTRE MAJESTÉ fe contente - t - elle de ce qui eft évident & ne va jamais au-delà. Le defir de déterrer lēs crimes & de donner des preuves de févérité, forme des préjugés & ne convient point à un prince équitable & humain qui ne fe porte au châtiment qu'à regret, & qui fouhaiteroit de n'y être jamais forcé : c'eft pour cette raifon qu'on ne vous voit point affecter d'employer toute votre autorité, où celle des loix fuffit.

G 3

ENVOI

A l'Impératrice de Ruſſie.

Madame,

QUELLES délices m'offre le gouvernement
françois ! l'intégrité de ſes juges tire toute ſa
force & ſa vigueur du zele de la juſtice : ſans
ce zele un juge pourra bien faire ſon devoir,
mais il le fera mollement : il voit l'iniquité ſans
en être ému ; il dit ce qu'il faut, mais ſans
lui donner le poids & la force que mérite la
vérité ; mais lorſqu'il a du zele & de l'ardeur
pour la juſtice, il eſt attentif à tout ce qui peut
la faire connoître ; il emploie tout ce qui peut
la défendre ; il s'afflige amérement quand elle
eſt abandonnée. Du zele réſulte la fermeté ;
car le zele eſt un amour ardent, & l'amour a
du courage à proportion de ſon ardeur. Il affer-
mit le cœur où il domine, contre les ſollici-
tations, les inſinuations, les eſpérances, les
craintes, les menaces, les dangers, les dernieres extrémités : il réſiſte au torrent & au
mauvais exemple ; il ne s'occupe point des in-

du prince qui la leur faifoit annoncer. . .

. . . .

. . . .

. . . .

Quelques prétendus efprits forts difent que le
chriftianifme eft gênant : c'eſt avouer qu'on eft
incapable de porter le joug des vertus qu'il com-
mande. Il eft nuifible, ajoutent - ils : c'eft fermer les yeux aux avantages les plus fenfibles,
les plus indifpenfables qu'il procure à la fociété ;
fes devoirs excluent ceux du citoyen : c'eft le
calomnier manifeftement , puifque le premier
de fes préceptes eft de remplir les obligations
de fon état. Il favorife le defpotifme & l'autorité arbitraire des princes : c'eft méconnoître
fon efprit , puifqu'il déclare dans les termes les
plus énergiques , que les fouverains feront jugés
au tribunal de Dieu plus févérement que les
autres hommes , & qu'ils paieront avec ufure
l'impunité dont ils ont joui fur la terre. La foi
qu'exige encore le chriftianifme , contredit &
humilie la raifon : c'eft infulter à l'expérience
& à la raifon même , que de regarder comme
humiliant un joug qui foutient cette raifon toujours vacillante & toujours inquiete quand
elle eft abandonnée à elle - même. Que devien-
droit donc le monde , Madame ! Que devien-

droient ceux qui l'habitent, fi par la douceur de
fes confolations , par l'attrait de fes efpérances ,
par les compenfations ineftimables qu'elle offre
aux malheureux , la religion n'adouciſſoit dans
cette vie les maux inévitables à chaque individu ,
& plus encore aux gens de bien ? C'eſt fur - tout
dans l'inégalité des conditions, dans la difpro-
portion des fortunes , dans l'inexacte diftribu-
tion des honneurs & des récompenfes , que
cette religion fait connoître la douceur de fon
empire & la fageſſe de fes loix , qui temperent
& réparent , autant qu'il eſt poſſible , les adver-
fités humaines. Comme l'ordre de la fociété
exige pour fon propre foutien de la fubordina-
tion , de la dépendance , de la fatigue ; comme
la corruption de l'humanité répand fur le général & fur les particuliers des afflictions , des
peines, des travaux , des oppreſſions, des injuftices ; quel homme pourroit fe foumettre aux
rigueurs d'un partage fi cruel à la nature , fans
une lumiere qui lui apprend à fupporter les amer-
tumes de fon fort , fans un contre - poids qui
réprimât les foulévements d'une fenfibilité trop
fouvent juſte , fans une loi de foumiſſion qui
lui fit accepter , par des vues fur - humaines ,
tout ce qui peut bleſſer fon efprit & révolter
fon cœur ? Le mal du chrétien n'eſt , aux yeux

convénients , mais de fon obligation ; il eft ref-
pectueux, mais invincible. Tels font les caracteres admirables qui ont frappé d'étonnement
l'Europe dans les dernieres difgraces des parle-
ments de la France : en périffant , ils fe font
couverts d'une gloire immortelle, qui paffera
fans altération à la poftérité la plus reculée. .

.   .   .   .

.   .   .   .

.   .   .   .

.   .   .   .

Ames foibles & pufillanimes ! le moindre intérêt
découvre le fond de votre cœur , les moindres
périls vous alarment, l'amour de la juftice dif-
paroît de vos cœurs , parce qu'il eft étouffé par
un autre amour plus dominant, celui de votre
intérêt perfonnel ! & il en fera toujours ainfi,
jufqu'à ce que le cœur n'obéiffe qu'à un feul
maître, & que l'amour - propre foit pleinement
foumis à celui de la juftice. .   .   .   .   .   .

Ecoutez la voix de ce monarque augufte. Si
vous aviez à braver les menaces & les craintes
d'un defpote , vous devriez détourner les coups
redoublés d'un tonnerre foudroyant : mais fa juftice , fa bonté & fa clémence furent toujours
fon appanage. .   .   .   . Etouffez pour jamais
tout intérêt perfonnel. Sans ces heureufes difpo-

fitions, les fervices que vous rendrez à l'état fe‑
ront peu importants, & auront tous le caraç‑
tcre des actions les plus lâches, & l'empreinte
du mépris le plus fouverain pour les loix.

ENVOI

A GUSTAVE, Roi de Suede,

SIRE,

DE quel fentiment de refpect & d'admira‑
tion je fus faifi quand jentendis VOTRE MA‑
JESTÉ prononcer cet arrèt plein de juftice &
d'équité :

« Magiftrats, pour qui ma bonté fera toujours
» fans réferve, c'eft une fidélité à toute épreuve
» que j'exige de vous ; vous ne devez écouter
» que votre devoir, & ne connoître auffi que
» votre maître ; vous ne recevrez jamais rien ni
» d'un étranger, ni même d'aucun prince qui
» n'a pas la conduite de l'état ; vous ferez effen‑
» tiellement ennemi de toutes les factions &
» de tous les partis qui fe forment contre le
» gouvernement ; vous ne ferez ébloui par au‑
» cun prétexte du bien public ; vous ne ferez

» tenté par aucune efpérance de réforme ; au-
» cune difgrace ne fera capable d'affoiblir votre
» inviolable attachement pour moi. Le devoir
» & la confcience vous en font un principe, &
» non l'intérêt, & dans des temps difficiles,
» vous ferez prêt à tout quitter, à tout facrifier,
» à tout perdre pour un prince qui vous auroit
» peu ménagés, & qui n'auroit pas rendu juftice
» à votre mérite. C'eft là la fidélité inviolable
» que j'exige de vous. »

En effet, SIRE, cet amour unique de la juftice fe manifefte par l'amour du bien public,
qui eft la grande qualité d'un magiftrat, & qui
eft fondé fur le défintéreffement ; car dès qu'on
tient à quelque intérêt particulier, on eft incapable de foutenir comme il faut l'intérêt public ; & l'on mefure de telle forte tout ce qu'on
dit & tout ce qu'on fait, qu'on penfe plus à
foi qu'au bien commun. On ne doit rien attendre de grand ni de généreux d'un homme de
ce caractere. Il a toujours quelque fecrete vue
dont il eft le centre & la fin : l'état n'eft que le
prétexte, & le peuple n'eft que le voile qui
cache fes deffeins.

ENVOI SUBLIME(1)

A l'Impératrice de Russie.

MADAME,

IL eſt un lien plus puiſſant que tous les au‑
tres, auquel l'Europe entiere doit aujourd'hui
l'eſpece de ſociété qui s'eſt perpétuée entre ſes
membres, le chriſtianiſme. Mépriſé à ſa naiſ‑
ſance, il ſervit d'aſyle à ſes détracteurs, après
l'avoir ſi cruellement & ſi vainement perſécuté.
L'empire romain y trouva les reſſources qu'il
n'avoit plus dans ſes forces ; ſes miſſions lui
valoient mieux que des victoires ; il envoyoit
des évêques réparer les fautes de ſes généraux,
& triomphoit par ſes prêtres quand ſes ſoldats
étoient battus. C'eſt ainſi que les Francs, les
Goths, les Bourguignons, les Lombards, &
mille autres reconnurent enfin l'autorité de l'em‑
pire après l'avoir ſubjugué, & reçurent du moins
en apparence, avec la loi de l'évangile, celle

(1) Ce chef‑d'œuvre qui décele l'ame la plus
noble a été le dernier que d'Alembert ait mis au
jour.

de fa foi, qu'un mal paffager ; & toujours propre à lui mériter des récompenfes éternelles. Le mal du philofophe eft un' aiguillon pour fa malice, un fujet pour fes révoltes, un ferment pour fon humeur, un motif d'injuftice & d'iniquité. Par la religion feule les maux ceffent d'être ce qu'ils font ; par elle feule, fouffrir eft un moindre mal que de goûter les douceurs de la vie au préjudice de fa confcience & de fes devoirs ; par elle feule, l'homme élevé au deffus de lui - même, fe dérobe en quelque forte aux mauvais traitements, à la perfécution, à l'iniquité pour fe repofer, fous fes aufpices, dans un centre de bonheur & de paix au deffus de tous les revers. (Quelle fagacité dans ces réflexions ! quelle rapidité dans la narration ! quelle étendue & quelle profondeur dans les vues ! que la religion eft refpectable, lumineufe & confolante fous un tel pinceau !)

On aura une idée de M. d'Alembert, en lifant ici fon portrait par M. l'abbé Sabatier : il eft vrai à certains égards. « On nous a reproché, dit ce critique éclairé, d'avoir traité avec trop d'indulgence les *Mélanges de littérature* de M. d'Alembert ; de n'avoir pas affez infifté fur les défauts de fa métaphyfique, fouvent obfcure, imperceptible, entortillée ; fur les iné-

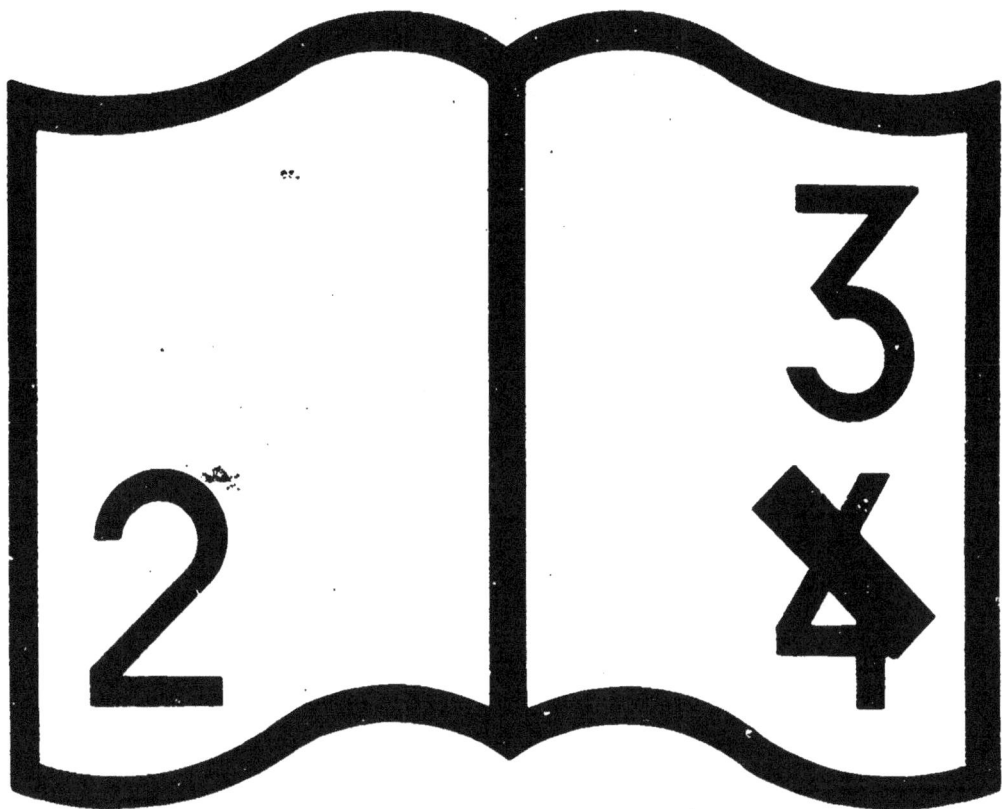

Pagination incorrecte — date incorrecte

NF Z 43-120-12

galités de fon ftyle , tantôt foible , tantôt plein
de morgue , & prefque toujours froid & bour-
geois ; de n'avoir pas mis fous les yeux du lecteur le contrafte qui réfulte de la médiocrité de
fes productions , & du ton de mépris qu'il
affecte , dans toutes les occafions , pour ce qu'il
appelle le *bas peuple* des poëtes , des orateurs,
des hiftoriens. C'eft à ces critiques à développer
leurs fentiments fur cet écrivain. Pour nous ,
en perfiftant à dire qu'on le regarde comme
un des plus habiles géometres parmi ceux qui
n'ont pas eu le génie de l'invention , nous
avouerons de bonne foi que nous avons eu tort
de le placer parmi nos bons littérateurs. » (Cette
derniere réflexion eft un peu hafardée , & ne
fait pas honneur à la juftelfe & à la finelfe
de tact que poffede ordinairement M. l'abbé
Sabatier.)

« M. d'Alembert, continue ce critique, a cependant joui , fous ce dernier titre , d'une
grande réputation, qu'il paroît conferver encore
dans les provinces & dans quelques pays fep-
tentrionaux. Mais ne doit - on pas convenir qu'il
a trop abufé de cette réputation , en voulant
établir dans les lettres certains paradoxes qui
tendent à dénaturer les genres , & que l'efprit
géométrique , fi nous entendons par ce mot la

juſteſſe des idées, auroit dû être le premier
à réprouver ? Les ſentiments de M. d'Alembert
ſur la poéſie, par exemple, ne ſont nullement
d'accord avec les principes fondamentaux &
conſacrés par l'aveu de tout le monde. En exi-
geant des vers renforcés de penſées ; en préfé-
rant dans les vers, les penſées à tout autre
mérite, n'eſt-ce pas en bannir ce qui en fait
l'agrément & la vie, l'imagination ? Aſſujettir
les fictions, les images, la hardieſſe, les écarts
de la poéſie au ton lourd & pénible de la vérité, c'eſt ôter à l'eſprit humain ces charmes
ſéducteurs qui l'attachent, le captivent & lui
font goûter le vrai qu'ils ont embelli. Ce n'eſt
pas que la poéſie ne puiſſe & ne doive accorder
ſon langage avec celui de la raiſon ; mais la
gêne du raiſonnement & des preuves énerve
ſon activité, & fait avorter les traits de lumiere & de ſentiment propres à frapper
& à convaincre plus vivement que toutes les
penſées, les ſentences ou les démonſtrations
géométriques.

« Pourquoi donc cet écrivain n'a-t-il pas reſpecté ce que tant d'autres géometres avoient
reſpecté avant lui ? Libres de s'exercer dans la
ſphere des combinaiſons, ils ne ſe ſont point
élancés dans le monde poétique où ils auroient

paru étrangers ; ils se sont bornés aux plaines arides & immenses du calcul, sans songer à venir ravager les campagnes fertiles qu'arrose le Permesse.

» D'ailleurs, ne seroit-il pas facile de prouver, par des exemples, à l'auteur des *Mélanges*, que des vers aussi *pensés* qu'il le desire, ne pourroient être que des vers détestables ? Ceux de *la Motte Houdart*, les plus pleins de pensées, sont précisément ceux qu'on lit avec le moins de plaisir ; les vers de *St. Evremont* ne sont pas supportables, quoiqu'ils fourmillent de pensées (ce jugement est un peu téméraire); tandis qu'un seul trait, un seul tour, une seule image échappée au génie poétique, attache l'esprit, échauffe le cœur & y laisse des impressions profondes.

» La poésie a toujours été regardée comme une imitation de la nature, non comme une science de raisonnement : elle est l'art de peindre, non l'art d'enfiler des pensées. Tous les auteurs qui en ont traité, depuis *Aristote* jusqu'à *Despréaux*, en ont cette idée, *ut pictura poesis erit*. C'est là ce qui forme son essence ; c'est là le but qu'elle se propose ; c'est là ce qui la rend si agréable, si intéressante, & ce qui a de tout temps établi son empire sur les ames sensibles.   » Les

» Les philofophes eux-mêmes ont fi bien re-
connu fa puiffance à cet égard, qu'ils n'ont
pas dédaigné d'en emprunter la parure, toutes
les fois que leurs talents naturels leur ont permis d'en faire ufage. *Pithagore*, *Seneque*, *Mallebranche*, auffi heureufement pourvus des dons de
l'imagination, que de la pénétration philofophique, n'ont fait goûter leurs fyftèmes, leurs
maximes, leurs raifonnements, qu'en les affai-
fonnant des graces que la poéfie pouvoit leur
prêter. Quand nous difons *poéfie*, nous ne pré-
tendons pas la réduire à la fimple verfification :
on fait en particulier que *Mallebranche* n'a fait
que deux vers en fa vie, qui l'ont même
rendu ridicule ; nous parlons de cette poéfie,
qui, bien loin d'être ennemie de la profe, en
eft l'ame & l'ornement. L'immortel *Fénélon* n'a
pas eu befoin de s'affujettir aux regles de la
mefure & de la rime pour être poëte, & ce
n'eft que parce qu'il eft poëte qu'il fe fait lire
avec intérêt, & que tout ce qu'il dit s'infinue
profondément dans le cœur. S'il fe fût borné
à accumuler des penfées & des vérités dans
fon *Télémaque*, il n'auroit pas trouvé des lec-
teurs, fur-tout s'il eût écrit en vers.

» M. d'*Alembert*, par un retour de réflexion,

à fans doute rétracté intérieurement cette affertion anti-poétique.

» Il auroit pu en faire autant à l'égard
de fes principes fur l'éloquence , qui font à
peu près les mêmes que fes principes fur la
poéfie , & qu'on peut réfuter par les mêmes
réponfes.

» On trouve encore dans les mêlanges du même
écrivain, différents morceaux traduits de *Tacite*.
Il faut convenir qu'on doit peu louer fa mo-
deftie d'avoir redouté la traduction de l'ouvrage
entier. Quoique ces morceaux aient leur mérite , à l'inexactitude près , on ne trouvera
pas étrange qu'on leur préfere la traduction
de M. l'abbé de la *Bleterie* , qui a paru depuis , & fur-tout celle de feu M. de la *Beau-
melle* , que nous connoiffons par quelques frag-
ments , & dont nous nous flattons que le public jugera auffi favorablement que nous.

» Nous penfons que perfonne n'attribuera à un
abus de critique le jugement que nous portons
fur ce qui nous paroît repréhenfible dans les ouvrages de M. d'Alembert. Il ne s'agit ici que de
productions littéraires qui femblent être le fruit
de fes délaffements , & fur lefquelles il n'a
pas fondé fans doute fa réputation.

» Il paroît , fur-tout dans fon *Abus de*

la critique en matiere de Religion, qu'il s'attache plus aux raifons, qu'aux graces du ftyle. Cet ouvrage, compofé dans le deffein de juftifier les philofophes du reproche d'incrédulité, n'offre ni plan, ni fuite, ni liaifon ; mais en revanche on doit rendre juftice à la dextérité avec laquelle l'auteur traite ce fujet épineux. Plein de foupleffe & de modération, il préfente fes penfées dans un jour ménagé, qui écarte de lui le blàme de l'excés, autant que le foupçon d'un zele trop vif. Il feroit à fouhaiter que le réfultat de cet ouvrage fût un peu plus décidé; qu'il y eût moins d'ambiguité dans l'enfemble, & que la maniere de procéder de l'apologifte ne rappellàt pas fi fouvent ce vers de *Virgile* :

Et fugit ad falices & fe cupit ante videri.

» Il femble que la philofophie auroit dû être plus franche, fur-tout quand elle a fa fource dans une ame auffi philofophique que celle de M. d'*Alembert*.

» On ne doit cependant pas condamner cette réferve : il auroit pu faire comme beaucoup d'autres philofophes, fes fubalternes, ne garder aucune mefure, déclamer à outrance, infulter fans égard, prodiguer les épithetes dures, trai-

ter de ſtyle de laquais les écrits anti-philoſo-
phiques , qualifier de libelles les ouvrages où
l'on venge l'honneur outragé de quelques gens
de lettres , &c. &c. &c. Mais ce perſonnage
eût été indigne de lui , & contraire aux intérêts
de la philoſophie, qui ſe fait gloire d'un pareil
ſoutien. Les chefs d'une ſociété quelconque ne
doivent pas ſe compromettre légérement; il eſt de
la dignité de leur prééminence de ſe maintenir
irrépréhenſibles. Un commandant de troupes
conſerve ſon ſang froid , & laiſſe la témérité
au ſoldat. Monſieur d'*Alembert* trouvoit cet
heureux tempérament dans ſon caractere autant que dans ſa politique , & il reſpectoit trop
le public , pour ne pas ſe faire un devoir
de donner du poids à ſon zele , par ſa prudence.

» Après avoir oſé éclipſer quelques rayons de
ſa gloire , nous nous livrons avec plaiſir aux
juſtes éloges qu'il mérite par d'autres productions.

» Son *Eſſai ſur les gens de lettres* eſt un aſſem-
blage de ſagacité , d'élévation , d'une noble
indépendance , qu'il ſeroit à ſouhaiter , pour
l'honneur du monde littéraire , que chaque
homme de lettres pût réduire en pratique. Nous
ne rougirions plus alors de voir ſubſiſter parmi

nous ces rivalités malignes, ces baffes jaloufies ;
ces cabales iniques, qui aviliffent les talents &
révoltent l'honnêteté ; on verroit s'anéantir l'efprit particulier, qui n'admet que ce qu'il approuve, qui n'approuve que ce qui le flatte ;
chaque littérateur trouveroit des amis dans les
compagnons de fa carriere, & le génie indigent n'auroit pas befoin de chercher des pro-
tecteurs en rampant ; on profcriroit fur - tout
ces bureaux d'efprit où l'on anathématife les
meilleurs ouvrages, quoiqu'on ne puiffe s'en
diffimuler le mérite ; où l'on encenfe la médiocrité, parce qu'elle eft en état de protéger
ou de nuire ; où l'on n'admet tant d'adorateurs
ftupides, que pour en faire des écho, dont la
voix ira d'oreille en oreille déifier tous les
membres du tyrannique fénat, & promulguer
fes intrépides arrêts : nous aurions la douce
joie de voir couler le lait & le miel à côté
de l'hypocrene, de pouvoir cueillir les fruits du
facré vallon, fans redouter ceux de la difcorde ;
de dormir fur le Parnaffe, fans craindre des ré-
veils fâcheux ; nous verrions renaître en un mot
l'âge d'or de la poéfie, & le monde favant
retraceroit le modele de cette république, dont
M. d'*Alembert* auroit été le *Platon*.

» Mais hélas ! la deftinée de ce littérateur

philofophe étoit de propofer des félicités qui ne
fe réalifent pas. Rien n'étoit plus fait pour
produire un excellent ouvrage que fon difcours
pour fervir de *profpectus* à l'encyclopédie. Si la
profondeur des vues , l'intelligence du plan ,
l'ordonnance des diftributions , l'expofition des
matieres , l'exactitude des regles , la vigueur
des penfées , l'heureufe aifance des tours , la
nobleffe du ftyle , euffent été capables d'animer
les exécuteurs de ce grand deffein , comme
tous ces traits réunis ont réuffi à attirer les
fuffrages & les foufcriptions ; toute l'Europe
feroit en poffeffion du tréfor des fciences qu'elle
attendoit , & M. d'*Alembert* n'auroit pas eu la
douleur d'avoir contribué , par un bel ouvrage,
à faire naître de fauffes efpérances. . . . . »

Lorfque M. l'abbé Sabatier dit à M. d'Alembert , *que fa philofophie devroit être plus franche ,
puifqu'elle a fa fource dans une ame vraiment philofophique* , le reproche eft légitime. Tout le
monde connoît les poéfies de M. *Defmahis* ;
elles font pleines de naturel , de délicateffe ,
de vivacité , de douceur , d'images & d'agréments , & nous ne pouvons que regretter que
ce digne éleve des neuf fœurs n'ait pas joui
d'une plus longue vie (1). A peine fon épître

---

(1) Il naquit à Sully fur Loire en 1722 , & mourut en 1761.

à Mad. de *Marville* fut-elle achevée , que le poëte qui refpectoit les lettres, s'empreffa de l'envoyer à monfieur d'Alembert , & la voici. (M. Defmahis y fait un aveu de ce qu'il a été , de ce qu'il étoit , & de ce qu'il defiroit être.)

> Mais c'eft peu de prêter à ma philofophie
> Ce tendre , ce touchant que le cœur déifie :
> Il eft d'autres devoirs , des décrets adorés ,
> Plus d'une chaine qui nous lie ,
> Et des engagements facrés.
> Nous naiffons tous fujets d'une double puiffance ;
> Chaque peuple a fon culte , & chaque état fes loix :
> Malgré l'audace impie & l'aveugle licence,
> Refpectons les autels , obéiffons aux loix ,
> Toujours vertueux par fyftême ,
> Coupable trop fouvent , mais par fragilité ,
> Du moins , lorfque d'*Aaron* j'entends la voix fuprême ,
> Fidele Ifraélite , & m'oubliant moi-même ,
> De ma folle raifon j'abaiffe la fierté ,
> Et laiffe captiver devant un diadême
> Mon impuiffante liberté.
> Cependant , ennemi du cruel fanatifme ,
> Secrétement bleffé d'un trop grand defpotifme ,
> Je n'ai point l'air efclave au milieu de mes fers.
> Telle eft mon ame toute entiere ,
> Et telle fera la matiere
> De mes écrits & de mes vers.

Dira-t-on que ce morceau de poéfie ne refpire pas le langage de la philofophie la plus

pure ? M. Defmahis n'eût-il fait que cette épître, ce feroit plus qu'il n'en faudroit pour confacrer fon nom à l'amour, au refpect, autant
qu'à l'immortalité. Mais pour un envoi auſſi
flatteur dont les princes les plus vertueux auroient été honorés, quelle fut la réponſe du
géometre qui préconiſe ſi hautement la vertu ?
Il eſt impoſſible de prononcer en ce moment
le nom de M. d'Alembert ſans être révolté.
L'envie eſt de toutes les paſſions la plus dif-
forme, & la plus détestable, elle dirigea ſa
plume. . . . . Voici ſa réponſe à
M. *Defmahis.*

MONSIEUR,

« JE vous aurois lu avec le plus vif intérêt,
» ſi je vous avois trouvé tout entier dans le
» miroir de la vertu que vous offrez à mes
» yeux : laiſſez ces ſentiments vraiment philo-
» ſophiques à ceux qui le font eux - mêmes.
» Je n'aime à entendre une telle apologie que
» de la bouche d'un homme réellement ver-
» tueux. Cherchez, autant qu'il vous plaira,
» à juſtifier par vos écrits la corruption de
» votre cœur ; la meilleure juſtification eſt une
» conduite faine, ouverte à tous les hommes.

» Vous vous déguifez pour vous rendre plus
» vifible. Mon langage va vous paroître un peu
» hardi, Monfieur : à Dieu ne plaife cepen-
» dant que je veuille cenfurer ici votre piété
» intérieure ; j'en refpecte le motif, mais j'en
» blàme l'effet. »

Adieu, MONSIEUR,

Votre très-humble, &c,
D'ALEMBERT.

J'ai de la peine à me perfuader que ce trait
foit parti des mains de M. d'Alembert. On
pourroit le lui pardonner s'il avoit lancé contre
ces écrivains dont les fyftêmes ne renferment
qu'un enchaînement de contradictions révoltan-
tes, où la nature fe ment à elle-même à chaque page ; un chaos de raifonnemens abfurdes,
un renverfement général de toutes les inftitu-
tions, ou un monftrueux affemblage d'inconfé-
quences & d'atrocités. On pourroit pardonner à
M. d'Alembert, s'il l'avoit lancé contre ces
frénétiques dont les organes font entiérement
dépravés ; contre ces hommes ineptes qui ofent
s'ériger en précepteurs du genre humain ; contre
ces prétendus judicieux obfervateurs, qui fe
vantent de remonter à la fource des chofes, &

ne s'apperçoivent pas qu'ils la troublent, l'em-
poifonnent, & n'en font découler que des tor-
rents d'erreurs, de vices & de crimes : on pourroit enfin pardonner à M. d'Alembert , s'il
avoit lancé le trait contre *Boulanger*, dont les
ouvrages font remplis d'extravagances, de blaf-
phèmes, d'imprécations & de raifonnements auffi
abfurdes que rebutants ; ou contre *la Mètrie* ,
dont les productions l'auroient conduit fur l'écha-
faud , fans une prompte fuite, qui le déroba
aux perquifitions des magiftrats Hollandois.

Mais comment fa plume a-t-elle pû févir
contre un philofophe dont les fentiments ont
toujours répondu du bon ufage de fes talents ?
Car on fait que M. Defmahis, quoique éleve
de M. de Voltaire , refpecta toujours la religion , les mœurs , les lettres & les loix ; &
que dans toutes fes productions il parut plus
jaloux des qualités du cœur que des talents de
l'efprit. Quelque vapeur noire dominoit alors
le cerveau de M. d'Alembert. Il a eu un
moment d'erreur. Quel eft l'homme qui en eft
exempt ? Plaignons la fienne en la combat-
tant.

Nous n'avons point prétendu affoiblir par la
copie de cette lettre le mérite littéraire de M.
d'Alembert. L'équité, qui dirigea fes jugements

fur les écrivains qui ont contribué à la perfection des fciences , eft digne d'un philofophe
impartial : voici un trait qui juftifie ce que
nous avançons. Le patriarche de Ferney , dans
un libelle intitulé , *Défenfe de mon Oncle*, a vomi
un torrent d'injures contre M. Larcher , littérateur plus verfé que lui dans l'hiftoire des
anciens peuples , & dans la connoiffance des
bons auteurs grecs & latins. M. d'Alembert
outré des *tudieu !* des *tout-doux !* des *ventre-faint-
gris !* des menfonges , des traits de mauvaife
foi que le génie de l'auteur de *Zaïre* n'avoit
pas craint d'employer , fe tranfporta à *Ferney* ,
avec M. *Larcher* , pour appaifer la bile du Patriarche.

Arrivés au domicile de M. de Voltaire :
Vous venez fans doute , Meffieurs , dit-il aux
deux députés , pour rendre hommage à mes
lumieres & à mes talents ? Eft-ce par hafard
de la part de quelque puiffance que vous venez ? C'eft de la part du monde favant , répon-
dent M. d'Alembert & M. Larcher. L'hommage
du monde favant vaut bien celui d'un prince ,
reprit modeftement M. de *Voltaire.* Oui , fans
doute , continuent les députés ; mais ce n'eft pas
de quoi il s'agit. Le monde favant , ajoutent-ils ,
eft fort étonné que vous ufurpiez fes droits ,

fans avoir pour ce les connoiffances requifes.
Vous parlez des écrivains grecs que vous n'entendez pas ; vous employez le mot barbare de
Bafiloi , qui n'eft point grec, au lieu de *Bafileis* ;
vous vous fervez du mot de *Defpote* , fans en
favoir la fignification ; vous avez fouvent le mot
de *Demiourgos* à la bouche , & vous ignorez ce
qu'il veut dire ; vous prenez le nom de *Dy-
naftie* , pour celui d'une province ou contrée ;
vous appellez les prêtres égyptiens des *Bouteilles* ;
car c'eft ce que fignifie le mot *Choas* que vous
leur appliquez : vous faites paffer à *Hercule* le
détroit de *Calpé* & d'*Abila* dans fon gobelet , au
lieu de dire qu'il le paffa dans un navire appellé
Scyphus ; enfin vous êtes véhémentement foup-
çonné , par plufieurs de vos citations , de ne
pas entendre ce dont vous voulez parler.

Le favant du pays de Gex étonné , fe mit
auffi-tôt à crier : *Je fuis feigneur de Ferney , gen-
tilhomme ordinaire de la chambre du roi, & membre
de cent académies.* Ce n'eft pas ce dont il eft
queftion, reprit M. d'Alembert , nous parlons
de grec. Alors l'interrogé entre en fureur , &
fe met à crier : *cuiftre* , *fauffaire* , *paillard* ; ce
n'eft pas du méchant françois , c'eft du grec
qu'on vous demande. L'interrogé répond : *bouc*,
craffeux , *fodomite*. Ceci eft encore du françois,

& non du grec, ajouta le député : mais puifque vous ne voulez pas répondre fur le grec,
voyons fur les auteurs.

Pourquoi vous êtes - vous avifé de dire que
Ninive n'étoit éloignée de *Babylone* que de quarante lieues, tandis qu'il y en avoit cent de
diftance de l'une à l'autre ? Pourquoi faites-
vous de cent quatre-vingts ftades, huit de nos
grandes lieues, tandis que cent quatre - vingts
ftades ne font qu'environ trois & demi de nos
petites lieues ! Pourquoi établiffez - vous des
temples à *Eleufine*, où il n'y en eut jamais ?
Pourquoi faites-vous d'*Eleufine* une divinité particuliere, tandis qu'*Eleufine* n'eft qu'un furnom
de *Cérès* ! Pourquoi faites - vous flageller par
des prêtres d'*Eleufine* les pénitents & les initiés,
tandis qu'il ne s'agit dans le paffage de *Pau-
fanias*, que vous avez cité pour preuve, que
de petites baguettes, avec lefquelles les prêtres
frappoient, dans les cérémonies, non les initiés & les pénitents, mais les images des dieux
des enfers, parce que ces dieux retenoient
Proferpine ?

Le grec moderne eft interdit par toutes ces
queftions, fes accès le reprennent ; & fe tour-
nant vers M. Larcher, il fe met à crier, dans
fon délire : *Janféniffe , qu'on a vu donner des*

ſcenes au cimetiere de Saint - Médard , vil & ancien répétiteur du college Mazarin ! . . .

Je le vois bien , dit M. Larcher à M. d'A-lembert , l'étude du grec vient de renverſer , dès le commencement , la cervelle à ce pauvre homme. Il dit que j'ai donné des ſcenes au cimetiere de Saint - Médard , moi qui ſuis né en 1726, & les convulſions en 1729! Il me fait répétiteur au collège Mazarin , moi dont la fortune a permis que j'euſſe un répétiteur ! Ne nous en étonnons pas , c'eſt ainſi qu'il renverſe tous les faits, qu'il les ſuppoſe, qu'il les dé-figure. Voilà où l'ont conduit ſes lectures d'*Hé-rodote*, ſa rage pour le *Sanchoniaton*, forgé par *Porphyre* ; ſa fureur de vouloir ſe perdre dans l'antiquité , pour perdre enſuite le ſiecle pré-ſent par ſes rêveries.

Pendant qu'il parloit ainſi , le philoſophe hiſtorien étoit tombé en foibleſſe , ſes petits yeux de feu s'étoient fermés , & ſa grande bouche reſtoit ouverte. Les députés ſe retire-rent & le laiſſerent dans cet état , en prenant la précaution d'avertir qu'on allât lui jeter de l'eau ſur la tête, & lui faire prendre de l'ellé-bore pour purger ſon cerveau.

M. d'*Alembert* & M. *Larcher* retournerent à Paris, faire leur rapport juridique , & le monde favant convaincu que M. de Voltaire étoit *men-tis & græcæ linguæ non compos* , il fut délibéré , d'une voix unanime, de lui envoyer un rudiment grec, un répétiteur du college Mazarin, & un *prêtre d'Eleufine* pour le *feffer*, d'après fon fyftême , en qualité de pénitént ou *d'initié* : en attendant , ordre à lui de n'écrire que très-peu en françois, & défenfe de parler jamais de grec. (*Les trois fiecles*. Tome 3.)

Après cette démarche en faveur de M. *Larcher* (dont les mœurs douces & honnêtes méritent autant d'égards , que l'utilité de fes travaux), il feroit plus que téméraire , & j'ofe dire odieux, d'attenter au mérite littéraire de M. d'Alembert. Nous nous fommes permis cette digreffion, parce qu'il eft même flatteur pour un homme de lettres quelconque de fe voir ainfi critiqué, & l'on doit rendre cette juftice à quelque zélateurs de la philofophie qui procurent fouvent cette confolation. Quand on veut faire des critiques plaifantes , il faut d'abord être plaifant , puis inftruit, puis véridique , puis honnête. M. *Larcher* ne méritoit pas certainement de la part de M. de *Voltaire* ce torrent d'injures : mais ce favant lui avoit été incommode, par fon zele à relever quantité de bévues répandues dans fes écrits ; & à redreſſer les falſifications qu'il s'étoit permiſes pour appuyer ſes ſyſtêmes. L'amour-propre de l'auteur de la *Prude*, de l'*Indiſcret*, &c. avoit été bleſſé, & la haine de M. de Voltaire étoit implacable.

Mais nous perdons de vue notre *Découverte Littéraire*. On pourroit donner un conſeil à M. *Sabathier*, de Condom, & à M. *Sabatier*, de Cavaillon, dit M. l'abbé *Sabatier*, de Caſtres, celui de ne pas déſavouer des ouvrages qui ne leur ſont point attribués. Il eſt dans la regle que la foibleſſe & la timidité, ne jouiſſent point, aux yeux du public, de la gloire d'un écrit (1) qui ne peut être que l'effet du zele & du courage; mais cette timidité va juſqu'à la crainte ſervile, quand elle s'empreſſe avec affectation de déſavouer ce que tout honnête littérateur voudroit avoir fait pour l'honneur des lettres, les intérêts de la juſtice & de la vérité.

Ce conſeil eſt celui d'un critique juſte & éclairé : nous voudrions bien pour la gloire de l'*Auteur des trois ſiecles* qu'il ne s'en fût jamais écarté; mais il ſe fait des vols en littérature,

---

(1) M. l'abbé Sabatier parle du *tableau philoſophique de l'eſprit de M. de Voltaire*.

auxquels

auxquels on ne peut, tout au plus, que donner le nom de *larcins :* mais ces mêmes *larcins*
ne devroient jamais se faire, ou du moins on
ne devroit jamais les taire ; & puisque *ce genre
de trafic ne doit pas plus être interdit en littérature,
que dans le commun des arts* (1), pourquoi rou-
giroit-on de l'avouer ? il faut toujours être de
bonne foi. . . . .
. . . .
. . . .

Rendons hommage à la vérité ; nous le ré-
pétons, elle ne peut blesser que les esprits
ardents, enthousiastes, ou les ames doubles &
faussement politiques.

M. l'abbé Sabatier a donc eu tort de nous
céler le pinceau de M. d'Alembert lorsqu'il lui
a envoyé le portrait de M. de Voltaire, qu'il
n'a pas craint de dire lui appartenir entiérement. . . . . . Pourquoi taire un plagiat ?
Le procédé est-il vraiment de ce littérateur,
d'ailleurs estimable (2) ? . . . Taisons-nous.

De grands talents, & l'abus de ces talents
porté aux derniers excès : des traits dignes

_____

(1) Paroles de M. l'abbé Sabatier.

(2) Tout ce qui est marqué par des guillemets, ou
en lettres italiques, est de cet écrivain.

d'admiration , une licence monſtrueuſe : des lumieres capables d'honorer ſon ſiecle , des travers qui en ſont la honte : des ſentiments qui anobliſſent l'humanité , des foibleſſes qui la dégradent : tous les charmes de l'eſprit ; & toutes les petiteſſes des paſſions : l'imagination la plus brillante , le langage le plus cynique & le plus révoltant : de la philoſophie & de l'abſurdité : la varieté de l'érudition , & les bévues de l'ignorance : une poéſie riche, & des plagiats manifeſtes : de beaux ouvrages , & des productions odieuſes : de la hardieſſe , & une baſſe adulation : des leçons de vertus , & l'apologie du vice : des anathèmes contre l'envie , & l'envie avec tous ſes accès : des proteſtations de zele pour la vérité, & tous les artifices de la mauvaiſe foi : l'enthouſiaſme de l'intolérance, & les emportements de la perſécution : des hommages à la religion , & des blaſphèmes : des marques publiques de repentir , & une mort ſcandaleuſe : telles ſont les étonnantes contrariétés , qui , dans un ſiecle moins conſéquent que le nôtre , décideront du rang que cet homme unique doit occuper dans l'ordre des talents & dans celui de la ſociété.

Une admiration outrée lui a prodigué autant de louanges , que le zele & la bonne critique

ont enfanté de cenfures contre lui. Ses fuccès
dans quelques genres lui ont procuré des fuffrages qu'il ne méritoit pas dans d'autres. Les
lumieres du difcernement ont été éclipfées par
les tranfports de l'enthoufiafme , & on aura
peine à croire jufqu'à quel point cette efpece
de fanatifme a pouffé fon aveuglement ; en un
mot , malgré tant de difparates capables de
faire ouvrir les yeux , tout ce que cet écrivain
a produit a été accueilli , cru , préconifé ; il
eft devenu l'idole de fon fiecle, & fon empire
fur les efprits foibles ne fauroit être mieux
comparé qu'à celui du grand *Lama*, dont on
révere, comme chacun fait , jufqu'aux plus vils
excréments.

La poftérité eft également à l'abri de la fé-
duction & de la partialité ; elle fait apprécier
les beautés , démêler les défauts , modérer les
louanges , fixer les degrés de gloire & de
blâme. Le vrai moyen de juger M. de *Voltaire*
eft donc de fe tranfporter dans l'avenir , de fe
mettre à la place de nos defcendants , de leur
fupofer des lumieres, du goût , de l'honnêteté,
& de prononcer enfuite , en tâchant d'être
leur organe.

Nous ne nous propofons pas d'analyfer les
différents travaux de cette efpece d'*Hercule* lit-

téraire. L'épopée , la tragédie , la comédie ;
l'opéra , l'ode , la poéfie légere , tous les genres
de poéfie ont été de fon reffort. Dans la profe :
hiftorien , philofophe , differtateur , politique ,
moralifte , commentateur, critique , romancier ,
fa plume s'eft exercée fur tout. Examinons avec
quels fuccès , en défiant quiconque d'ofer nous
taxer avec fondement de méconnoître ce qu'il
y a de bon dans cet écrivain ou d'outrer la
cenfure dans ce qu'il y a de mauvais.

La Henriade peut , fans contredit , être regardée comme un chef-d'œuvre de poéfie ,
pourvu qu'on n'exige dans un poëme , que la
richeffe du coloris , l'harmonie de la verfification , la nobleffe des penfées , la vivacité des
images , la rapidité du ftyle ; à cet égard cet
ouvrage l'emporte fur tout ce que les mufes
françoifes ont pu produire jufqu'à ce jour de
plus brillant. Mais ces qualités , quelqu'émi-
nentes qu'elles foient , fuffifent-elles pour l'élever à la hauteur du poëme épique! Cet intérêt ,
fruit de l'art & du génie , cet heureux tiffu de
fictions , ces combinaifons d'incidents qui faifif-
fent & captivent l'ame du lecteur , la tiennent
dans un enchantement continuel & la condui-
fent au dénouement à travers une inépuifable
variété de fenfations : où les trouve-t-on dans

M. de *Voltaire* ? La magie des grands maîtres a toujours confisté dans fes puiffants refforts ; c'eft en les maniant avec habileté qu'ils fe font élevés au deffus de la fphere des efprits ordinaires, & ont donné à leurs ouvrages ce germe d'immortalité qui les rend précieux à tous les peuples & à tous les fiecles.

S'il eft vrai, comme l'a dit un grand poëte, que le plus ou le moins d'invention & d'intérêt, foit ce qui diftingue ou fubordonne entr'eux les hommes célebres, on fera forcé de convenir, qu'à ce titre M. de Voltaire ne pourra foutenir de comparaifon avec les poëtes qui l'ont précédé. Seroit-ce, en effet, un paradoxe que fon héros n'intéreffe que parce qu'il eft Henri IV ; c'eft-à-dire, un roi dont le nom chéri de toutes les nations, adoré dans la fienne, parle à tout le monde en fa faveur ? Pour peu qu'on y faffe réflexion, on trouvera que c'eft peut-être à cet avantage que la Henriade a dû fon fuccès ; avantage que n'ont pas eu les autres poëtes, qui ont été obligés de créer leur perfonnage principal & tous les évé-nements de leur poëme. De quelles reffources d'imagination n'ont-ils pas eu befoin pour intéreffer au fort de leurs héros, pour lui concilier fucceffivement l'admiration, l'amour, tous les fentiments dont une ame fenfible eft capable ? Dans la Henriade le monarque françois eft toujours heureux ou au moment de l'être : auffi eft-on rarement dans le cas d'éprouver par lui ces alternatives de crainte & d'efpérance, ces intéreffantes perplexités qui font tour-à-tour partager les difgraces & goûter les triomphes. Par-là, malgré les graces de fon élocution, le poëte tombe dans une monotonie infipide, & cette monotonie produit un ennui invincible comme on l'a déja remarqué.

Tout au contraire eft varié dans l'Illiade, tout y refpire, tout y eft en action. S'agit-il d'un confeil, d'une bataille, ou de quelque autre événement ? ce n'eft pas le poëte qui raconte ; il rapproche les objets, il les rend préfents ; le lecteur devient un témoin qui voit & écoute ; l'imagination d'*Homere* entraîne la fienne toutes les fois qu'il lui préfente de nouveaux tableaux, & ces tableaux varient à l'infini.

Le ton de la Henriade eft, fans doute, noble, animé, toujours élégant, mais trop narratif : point de ces douces illufions qui vous mettent à la place du perfonnage qui parle ou qui agit ; aucun tranfport de cet enthoufiafme, de cette ardente vigueur d'une ame enflammée qui maîtrife les autres ames ; aucune éruption imprévue de ce beau feu , qui fait taire la critique lors même qu'elle trouve à condamner dans ces écarts.

Virgile étoit moins animé de ce beau feu qu'*Homere* : il y fupplée par l'éclat, la conftance & l'égalité. *Stace* & *Lucain* n'en ont produit que des étincelles ; mais ces étincelles donnent au moins par intervalles de la chaleur & de la clarté. Chez *Milton*, c'eft un volcan qui embrafe & confume tout. Le *Taffe* a fu mieux modérer fon effor, fans lui rien faire perdre fous le joug de l'art qui le conduit. Le feu du chantre de *Henri I V* n'a d'autre effet que celui d'éblouir ; il pétille , il éclate ; jamais il n'échauffe & ne tranfporte.

Seroit-ce encore un excès de févérité que de reprocher à M. de *Voltaire* de s'être trop délecté à prodiguer les portraits ; de n'avoir pas répandu dans ces portraits affez de variété ; de les deffiner tous de la même maniere ; de les peindre des mêmes couleurs ; de n'y avoir ménagé d'autre contrafte que celui des anti- thefes ; de les terminer conftamment par des pointes ou des fentences ; d'oublier enfuite dans le cours de l'action , l'idée qu'il a donné de fes perfonnages pour les laiffer agir au hafard ,

I 4

fans aucune conformité avec le caractere fous lequel il les a annoncés ?

Les grands poëtes font bien éloignés de ce défaut. Au lieu de s'amufer à faire le portrait de leurs héros, ils fe font contentés de les peindre par leurs actions, de leur donner des caracteres puifés dans la nature, d'en diftinguer les nuances avec autant d'énergie que de vérité, de régler conftamment leur mouvements & leurs difcours, felon les paffions & les intérêts qu'ils ont cru devoir leur attribuer pour le reffort & le développement du poëme.

Ce qui diminue encore le mérite de la Henriade, comparée aux autres poëmes, c'eft le défaut de merveilleux. On a prétendu excufer M. de *Voltaire*, en s'efforçant de prouver qu'elle ne comportoit pas ce genre d'ornement. Quand les raifons qu'on apporte feroient auffi convaincantes qu'elles font foibles, que s'enfuivroit-il, fi ce n'eft qu'il auroit eu tort d'entreprendre un poëme, dont le fujet n'étoit pas fufceptible de toutes les parties de l'épopée ? Mais a-t-on fait attention que fa ftérilité eft la vraie caufe de cette difette ? N'eft-il pas aifé de s'appercevoir qu'il a employé le merveilleux par-tout où il a pu, qu'il l'a même outré d'une maniere ridicule ?

Les perfonnages de la difcorde, du fanatifme
& de la politique, font fans doute puifés dans
le fyftême du merveilleux ; mais on fent au
premier coup - d'œil qu'ils ont une maniere
d'exifter & d'agir, dans fon poëme, abfolu-
ment contraire à toute vraifemblance : quoique
les divinités du paganifme euffent une exiftence
réelle dans l'opinion des Grecs & des Latins,
Homere & *Virgile* les repréfentent fous des images vifibles & connues, toutes les fois qu'ils les
introduifent fur la fcene pour leur faire jouer
un rôle. Dans la Henriade, au contraire, la
difcorde & le fanatifme font des êtres bizarres,
fantaftiques ; on ne les voit point, quoique
l'auteur les faffe agir & difcourir avec fes autres perfonnages.

M. de *Voltaire* avoit donc raifon d'être in-
décis fur le nom qu'on pouvoit donner à la
Henriade ; il s'exprime ainfi lui-même à ce
fujet : « Nous n'avions point de poëme épi-
» que en France, & je ne fais même fi nous
» en avons aujourd'hui. La Henriade, à la
» vérité, a été imprimée fouvent ; mais il y
» auroit trop de préfomption à regarder ce
» poëme comme un ouvrage qui doit effacer
» la honte qu'on a reprochée fi long-temps à
» la France, de n'avoir pu produire de poëme
» épique. »

Quel'que foit le nom qui lui convienne ; le *lutrin* lui eft, fans contredit, très-fupérieur du côté de l'invention, & l'emporteroit à tous égards, fi les perfonnages qui figurent étoient plus nobles & l'action plus importante. Malgré la ftérilité du fujet, avec quelle adreffe & quelle fécondité *Boileau* n'a-t-il pas fu répandre dans ce poëme les richeffes de la fiction, les reffources de l'imagination, la diverfité des caracteres, la variété des tableaux, le jeu d'une verfification toujours foutenue.

Que dirons-nous du Télémaque, qui eft & fera toujours un vrai poëme aux yeux des connoiffeurs ?. . . . . Quiconque faura apprécier les traits de l'art & du génie, fera forcé de convenir qu'un feul des épifodes de cet ouvrage immortel renferme plus d'invention, de conduite, d'intérêt, de mouvement & de vraie poéfie, que la Henriade entiere, moins approchante de l'épopée que du genre hiftorique.

Pourquoi les admirateurs du chantre de Henri IV fe font-ils tant preffés de lui attribuer l'honneur exclufif d'avoir donné le feul poëme épique dont notre nation peut fe glorifier ? N'eût-ce pas été affez pour fa gloire & pour celle de leur jugement, de fe contenter

de dire qu'il a donné le premier poëme hé-
roïque en vers , qui ait réuſſi en notre lan-
gue ?

D'autres littérateurs, auſſi inconſidérés, n'ont
pas craint d'élever la muſe tragique de M. de
Voltaire au deſſus de celle de Corneille &
de Racine. N'eſt - ce pas inſulter à la créàulité
publique ? & ont - ils pu eſpérer qu'on les en
croiroit ſur leur parole ? On convient , ſans
doute , que l'auteur de *Mérope* , d'*Alʒire* , de
Mahomet eſt digne du premier rang , après ces
deux peres de la tragédie : on ſait qu'il s'eſt
fait un genre qui paroît lui être propre ; mais
les eſprits judicieux & éclairés ſavent , en même
temps , qu'il ne doit ce genre qu'au tragique
qui l'avoit précédé , ſans en excepter l'auteur
d'*Atrée* & de *Radamiſte*, qu'on peut lui oppoſer
comme un rival redoutable. Corneille éleve
l'ame , Racine l'attendrit , Crébillon l'effraie.
M. de Voltaire a tâché de fondre dans ſa maniere le caractere dominant de ces trois poëtes ;
ce qui a fait croire , avec aſſez de raiſon , à
pluſieurs critiques , qu'il n'eſt alternativement
que leur copiſte , ſans avoir de genre qui lui
ſoit véritablement particulier : quoi qu'il en ſoit,
ſi cette facilité à s'approprier ſi habilement les
qualités de ſes modeles , ne ſuppoſe pas le

véritable génie , elle annonce du moins un talent affez diftingué pour juftifier en partie les
éloges de fes admirateurs. Nous croyons devoir
même ajouter que du côté de la morale &
d'un certain ton d'humanité qui refpire dans
toutes fes tragédies, l'auteur de *Zaïre* l'emporte
fur les autres poëtes tragiques ; mais il falloit ,
pour conferver cet avantage, qu'il refpeêtât les
vrais principes & fe défiât de la maniere de
débiter , à tout propos , des fentences & des
maximes. Qui ne s'apperçoit en effet que fes
perfonnages montrent trop de penchant à difcourir ; qu'ils raifonnent le plus fouvent , lorfqu'ils devroient agir ; que le poëte fe met in-
difcrétement à leur place ? mal-adreffe qui nuit
toujours à l'illufion & affoiblit l'intérêt. La
paffion ne fut jamais fentencieufe ; la nature
fait s'expliquer fans emphafe & fans détours.
Comment après cela la raifon & le goût pour-
roient-ils trouver des acclamations prodiguées
à ces tirades philofophiques, applaudies d'abord
par la furprife de la nouveauté, aujourd'hui par
habitude ? & encore font-elles abandonnées au
peuple des fpeêtateurs.

Si M. de Voltaire eft plus moralifte que nos
autres poëtes tragiques , combien lui font-ils
fupérieurs pour l'invention des fujets , la con-

texture des plans , la conduite de l'intrigue ;
l'art de deffiner les caracteres, de les foutenir,
de les varier, fruit précieux du vrai talent &
la marque la plus fûre du genie ? Pourquoi
faut-il , au contraire, que par une fatalité qui
n'établit pas fon mérite dans les efprits clair-
voyants , il ne fe foit prefque jamais attaché
qu'à des fujets traités avant lui ? D'un autre côté,
où trouvera-t-on dans les plans qui lui appar-
tiennent, la hardieffe , la régularité , la foupleffe , la dextérité qui caractérifent ceux de
Corneille , de *Racine* & de *Crébillon* ? Les refforts
de fes pieces font communément foibles, mef-
quins, & peu dignes de *Melpomene*. Des lettres
fans adreffe , des quiproquo , des enfants in-
connus ; des reconnoiffances , des oracles , des
prodiges ; tels font les agents perpétuels de fa
mufe toujours timide , embrouillée , chance-
lante , pour peu qu'elle foit abandonnée à elle-
même.

Sur quelles raifons les admirateurs s'ap-
puient-ils pour établir fa fupériorité ? Ils difent
que fes tragédies font plus fouvent repréfentées
que celles de fes prédéceffeurs. Qui ne fentira
que ce raifonnement eft à peu près de la même
force que celui de Scudery , qui prétendoit
également prouver la fupériorité de fa tragédie

de l'*Amour tyrannique* , fur celle du *Cid* , parce qu'il y avoit plus de Suiffes tués à fa piece qu'à celle de Corneille ? Quand on ignoreroit que le choix des repréfentations dépend des comédiens, & non du public, on feroit encore en droit de leur répondre , que les pieces de *Corneille* & de *Racine* ne paroiffent fi rarement, que parce qu'elles ont occupé la fcene pendant près d'un fiecle ; qu'il eft peu de perfonnes qui ne les fuffent par cœur, & que l'amour de la nouveauté fait fouvent courir après des beautés frivoles , fans affoiblir le tribut d'admiration qu'on doit aux beautés folides : on pourroit leur répondre encore, que M. de *Voltaire* étant devenu le poëte à la mode , le goût du fiecle, corrompu par ce poëte lui-même , ne doit pas fervir de regle , quand il s'attaque uniquement à lui ; qu'il paroît affez que ce goût ne s'occupe que de ce qui peut l'amufer ; qu'il s'inquiete peu s'il eft d'accord avec les vrais principes ; & qu'enfin, indépendamment des difpofitions de la multitude pour fon poëte favori, les refforts de la cabale qui le préconife , contribuent plus que tout le refte , à le rendre poffeffeur exclufif du théâtre , &c. &c. &c.

Fin de la première Partie.

.